休息休假
小问答

XIUXI XIUJIA
XIAOWENDA

本书编写组◎编

中国工人出版社

图书在版编目（CIP）数据

休息休假小问答 / 本书编写组编. —北京：中国工人出版社，2014.6
（劳动权益小问答）
ISBN 978-7-5008-5820-1

Ⅰ.①休… Ⅱ.①本… Ⅲ.①劳动法—中国—问题解答 Ⅳ.①D922.505

中国版本图书馆CIP数据核字（2014）第113481号

休息休假小问答

出 版 人　李庆堂
责任编辑　吕　静
责任校对　孙迺伟
责任印制　栾征宇
出版发行　中国工人出版社
地　　址　北京市东城区鼓楼外大街45号　邮编：100120
网　　址　http://www.wp-china.com
电　　话　（010）62350006（总编室）（010）62005039（营销出版部）
　　　　　（010）82075935（工会与劳动关系分社）
发行热线　（010）62004002　　（010）82081553（传真）

经　　销　各地书店
印　　刷　北京市密东印刷有限公司
开　　本　660 毫米×960 毫米　1/16
印　　张　9. 5
字　　数　146 千字
版　　次　2014 年 6 月第 1 版　2018 年 8 月第 4 次印刷
定　　价　25. 00 元

目 录

一、欲知休息权，先知工时制度那些事儿

1. 什么是工作时间，有哪些特点？

工作时间又称劳动时间，简称工时，是劳动者根据法律规定或劳动合同约定为履行劳动义务而从事劳动的时间。我国的工时制度包括每日工作的小时数或每周工作的天数和小时数，也包括正常工作时间、延长工作时间以及缩短工作时间等内容。

工作时间具有以下特征：

（1）工作时间是劳动者履行劳动义务的时间。劳动者或用人单位不遵守工作时间的规定或约定，要承担相应的法律责任。

（2）工作时间的长度由法律直接规定，或由集体合同或劳动合同直接约定。劳动者每日或每周工作时间的最长限度由《劳动法》规定，用人单位安排劳动者每日或每周从事生产或工作的小时数不得超过法律规定的最长限度。

（3）工作时间是计发劳动报酬的时间依据。劳动者按照劳动合同约定的时间提供劳动，即可以获得相应的工资福利待遇。加班加点的，可获得加班加点工资。

（4）工作时间不限于实际工作时间。工作时间的范围，不仅包括作业时间，还包括准备工作时间、结束工作时间以及法定非劳动消耗时间。其中，法定非劳动消耗时间是指劳动者自然中断的时间、工艺需中断时间、停工待活时间、女职工哺乳婴儿时间、出差时间等。此外，工作时间还包括依据法律、法规或单位行政安排离岗从事其他活动的时间。

→法条链接

《劳动法》第三十六条至第四十五条

小贴士

工作时间是消耗劳动力的时间，是劳动的自然尺度，也是衡量每个劳动者创造社会财富多少和支付劳动报酬的基础。劳动时间有工作小时、工作日和工作周三种，其中工作日即在一昼夜内的工作时间，是工作时间的基本形式。

2. 什么是工时制度，我国目前有哪些工时制度？

工时制度，即工作时间制度。据现有情况，我国目前有三种工作时间制度，即标准工时制、综合计算工时制、不定时工时制。

（1）标准工时制度。这是我国运用最为广泛的一种工时制度，是法律规定的企业事业单位、社会团体在正常情况下普遍实行的工作时间。标准工作时间包括劳动者每日工作时间和劳动者每周工作时间两方面内容。

（2）综合计算工时制。这是一种以标准工时制为基础，以一定的期限为周期，综合计算工作时间的工时制度。此类工时制度主要适用于那些因生产特点、工作特殊需要或职责范围的关系，无法按标准工作时间衡量或是需要机动作业的职工。

（3）不定时工作制。这是一种因工作性质和工作职责的限制，使劳动者的工作时间不能受固定时数限制，而直接确定职工劳动量的工作制度。

→法条链接

《劳动法》第四章第三十六条、第三十九条

《关于企业实行不定时工作制和综合计算工时工作制的审批办法》第三条至第六条

小贴士

不定时工作制最大的特点，就是实行此类工时制的职工的工作时间不受《劳动法》第四十一条规定的日延长时间标准和月延长时间标准的限制。用人单位对工作时间无法固定的职工的工作安排，既要符合法律的规定又能满足工作时间的不确定性，采用此种工时制度可以最为灵活地安排职工的工作时间。

3. 我国法定的标准工作时间是怎样的？

标准工作时间，也称标准工作日，是我国现行工时制度的一种形式，是法律规定的企业事业单位、社会团体在正常情况下普遍实行的工作时间。标准工作时间包括劳动者每日工作时间和每周工作时间两个方面内容。我国《宪法》规定，国家规定职工的工作时间制度。《劳动法》第三十六条规定，国家实行劳动者每日工作时间不超过 8 小时，平均每周工作时间不超过 44 小时的工作制度。根据《劳动法》第三十八条、第四十一条的规定，标准工时制还有以下几点要求：

（1）用人单位应保证劳动者每周至少休息 1 日。即劳动者每周至少有一次 24 小时不间断的休息时间，用人单位不能将 1 日拆成两个半天。

（2）用人单位因生产经营需要，经与工会和劳动者协商，可以延长工作时间。但每天延长工作时间不得超过 1 小时，特殊原因每天延长工作时间不得超过 3 小时。

（3）每月延长工作时间不得超过 36 小时。

→法条链接

《劳动法》第三十六条、第三十八条、第四十一条

小贴士

随着经济社会的发展，劳动者工作时间不断缩短。从西方国家情况看，18 世纪的工人每天工作 15 至 16 小时，到了 20 世纪中期，40 小时

工作制普遍实行。中国工时制也呈现出由长到短的历史规律性变化。新中国成立初期，各地各行业工作时间并不统一，各地根据自己的情况分别执行每天8小时工作制、9小时工作制，乃至10小时工作制。具有宪法性质的《共同纲领》首先对新中国的工作时间制度作了规定：公私营企业一般实行8小时至10小时的工作时间制度。1960年，中央政府决定在全国城镇的就业单位统一推行每天8小时工作制。1995年1月1日起实施的《劳动法》规定了44小时工作制。1995年3月25日，国务院又发布了《关于修订〈国务院关于职工工作时间的规定〉的决定》，规定从1995年5月1日起，实行每周40小时工作制。

4. 职工全年月平均制度工作天数是多少天？

从2008年起，全国法定节假日由原来的10天改变为11天，因此职工全年月平均制度工作天数也发生了变化。目前，我国年工作日为250天，计算方式为：365天－104天（休息日）－11天（法定节假日）＝250天；季工作日为62.5天，计算方式为：250天÷4季＝62.5天/季；月工作日为20.83天，计算方式为：250天÷12月＝20.83天/月。工作小时数为每月166.64小时，每季499.92小时，每年为1999.68小时。计算方式为：以月、季、年的工作日乘以每日的8小时。

→法条链接

《全国年节及纪念日放假办法》第二条

《关于职工全年月平均工作时间和工资折算问题的通知》第一条

小贴士

按照国家规定，年、季、月工作日的计算和核定剔出了法定假日。年、季、月工作日等平均制度工作天数的规定，其实际意义主要是企业在制定产品加工工艺、核算工时、劳动强度和工作量等工作时使用，是劳动工资管理工作中一个重要的基础性参数。

5. 职工的日工资与小时工资如何折算?

计算职工的日工资与小时工资，并不是按照劳动者每月、每天的实际工作天数或小时数来确定，而是根据国家规定的月计薪天数、计薪小时数来确定。按照《劳动法》第五十一条的规定，法定节假日用人单位应当依法支付工资，即折算日工资、小时工资时不剔除国家规定的11天法定节假日。据此，职工月计薪天数应为21.75天，计算方式为：月计薪天数=（365天-104天）÷12月=21.75天。日工资、小时工资的折算为：日工资=月工资收入÷月计薪天数；小时工资=月工资收入÷（月计薪天数×8小时）。例如劳动者张三，其岗位实行标准工时制，月工资标准为3000元，除以每月计薪天数21.75天，其日工资标准应为137.93元。以日工资标准除以每日工作时间8小时，每小时工资标准为17.24元。

→法条链接

《全国年节及纪念日放假办法》第二条

《关于职工全年月平均工作时间和工资折算问题的通知》第二条

小贴士

月计薪天数与月平均制度工作天数是不一样的，根据我国相关法律规定，月平均制度工作天数为20.83天，月计薪天数为21.75天。月计薪天数则应当包含法定节假日，这是因为法定节假日为有薪假日或者叫做带薪假日，计算核定工资、包括计算核定加班工资时不能剔除法定节假日。国家之所以要规定每月的计薪天数，是因为在同一月工资标准下，由于每月的实际工作天数并不一致，如果依据当月实际工作天数和小时数计算平均日工资和小时工资，不仅不方便，而且会出现不同月份的平均日工资和小时工资数量不相等，与等量劳动获得等量工资报酬的按劳分配原则不相符。国家对日工资、小时工资进行规范性折算，并以规范性文件的形式向社会公布折算结果，其实际意义主要在于发布一个标准、权威的工资折算办法，解决现实生活中遇到的工资量化细化问题。此外，这样做也方便计算加班工资，使加班工资的计算标准化、规范化。

6. 所有用人单位都要执行法定标准工时制度吗？

我国现在实行的标准工作时间是每日工作不超过 8 小时、平均每周工作不超过 40 小时。这是国家机关、社会团体、企业事业单位等在通常情况下实行的工作时间，它适用于我国境内的一切国家机关、社会团体、企业事业单位和有雇工的个体工商户的职工。但并不是所有用人单位和劳动者都必须执行标准工时制度。《劳动法》规定，企业因生产特点不能实行本法第三十六条、第三十八条规定的，经劳动行政部门批准，可以实行其他工作和休息办法。

→法条链接

《劳动法》第四章第三十九条

《关于企业实行不定时工作制和综合计算工时工作制的审批办法》第三条至第六条

小贴士

《劳动法》中所谓的“其他工作和休息办法”，主要就是指综合计算工时制和不定时工作制。用人单位在正常情况下应当实行标准工时制，由于工作性质或职责及生产经营特点的限制，不能实行标准工作日的，可以实行不定时工作制或综合计算工时工作制。需要注意，如果需要实行综合工时制或不定时工作制，必须符合法定的条件，而且需要经过劳动行政部门的批准。

7. 用人单位可以缩短标准工作时间吗？

所谓缩短工作时间，是指劳动者工作时间少于标准日工作时间和周工作时间。国家对特殊条件下从事劳动和有特殊情况的劳动者适当缩短工作时间的规定，主要有如下四种情况：

（1）从事矿山井下、严重有毒有害、特别繁重和特别紧张体力劳动的劳动者，每日工作时间可以少于标准工作日时间。

（2）哺乳未满 1 周岁婴儿的女职工在每日工作时间内，可以给婴儿哺乳两次，每次 30 分钟；路途较远的，可将两次哺乳时间合并使用，每次哺乳时间为 1 小时，也可提前 1 小时下班。

（3）化工行业对有毒有害作业的工人，可根据生产的特点和条件，分别实行“三工一休制”和“定期轮流脱离接触”相结合的制度，即工作 3 天休息 1 天，每年再轮流脱离原作业岗位 1 个月，或采用 6 小时至 7 小时工作制。

（4）煤矿井下实行四班每班 6 小时工作制，纺织行业实行“四班三运转”制度。

→法条链接

《劳动法》第三十六条

《关于职工工作时间的规定》第四条

《〈国务院关于职工工作时间的规定〉问题解答的通知》第七条

小贴士

法律规定劳动者日工作时间不超过 8 小时，平均周工作时间不超过 40 小时，其中实际就包含了对用人单位可以缩短工作时间的规定。劳动部《关于印发〈国务院关于职工工作时间的规定〉问题解答的通知》第七条规定，在特殊条件下从事劳动和有特殊情况需要在平均每周工作 40 小时的基础上再适当缩短工作时间的，应在保证完成生产和工作任务的前提下，由企业根据实际情况决定。也就是说，只要不超过法律规定的最长工作时间限度，用人单位可以根据自己的实际情况合理安排日工作时间和周工作时间。

8. 企业对实行计件工作的劳动者怎样确定工作时间？

对实行计件工作的劳动者，企业应该按照劳动者每日工作时间不超过 8 小时，平均每周不超过 40 小时工时制度的原则，合理确定其劳动定额和计件报酬标准。所谓合理，就是指对劳动者确定的劳动定额应当是在每日 8 小时或平均每周 40 小时之内能够完成的工作定额，超过劳动者每日 8 小时之内的劳动能力或平均每周 40 小时的劳动能力的劳动定额标准，就等于延长了工作日时间，侵犯了职工的休息权。因此，合理确定计件劳动定额是实行计件工作制的关键。

→法条链接

《劳动法》第三十七条

《关于〈中华人民共和国劳动法〉若干条文的说明》第三十七条

小贴士

《劳动法》规定，对实行计件工作的劳动者，用人单位应当根据本法第三十六条规定的工时制度合理确定其劳动定额和计件报酬标准。在实行新的工时制度下，用人单位既应保证劳动者享受缩短工时的待遇，又尽量保证劳动者的计件工资收入不减少。如果适当调整劳动定额，并且在保证劳动者计件工资收入不降低的前提下，计件单价可以不作调整；如果调整劳动定额有困难，就应该考虑适当调整劳动计件单价，以保证收入不减少。

9. 什么是综合计算工时制？

综合计算工时工作制是针对因工作性质特殊，需连续作业或受季节及自然条件限制的企业的部分职工，采用以周、月、季、年等为周期综合计算工作时间的一种工时制度。这种工时制度有以下特点：一是一般以月、季、年等为周期综合计算工作时间；二是其平均日工作时间和平均周工作时间应与法定标准工作时间基本相同。即在综合计算周期内，某一具体工作日（或周）的实际工作时间可以超过 8 小时（或 40 小时），但综合计算周期内的总实际工作时间不能超过总法定标准工作时间。例如在按周综合计算工时的情况下，可能周一与周二各工作 10 小时（超过了 8 小时），但周三到周六共工作 20 小时，一周总实际工作时间没有超过 40 小时，因此不算延长劳动时间。

→法条链接

《关于企业实行不定时工作制和综合计算工时工作制的审批办法》第五条

《关于印发〈国务院关于职工工作时间的规定〉问题解答的通知》第六条

《关于贯彻执行〈中华人民共和国劳动法〉若干问题的意见》第68条

小贴士

从综合工时制的特点来看，其基础仍然是标准工时制。虽然允许对一定周期内劳动者的工作时间进行综合计算，其中某日（或周）的实际工作时间可以超过法定标准时间，但该周期内的总的工作时间和平均工作时间仍然不能违反法定的工时标准。如果超过了，就应视为延长工作时间并按《劳动法》的规定支付报酬。而且，延长工作时间的小时数平均每月不得超过 36 小时。

10. 哪些人员可以实行综合计算工时工作制？

根据原劳动部在 1994 年 12 月 14 日发布的《关于企业实行不定时工作制和综合计算工时工作制的审批办法》的规定，用人单位只有对符合下列条件之一的职工，经过劳动保障部门批准以后，才可以实行综合计算工时工作制：

（1）交通、铁路、邮电、水运、航空、渔业等行业中因工作性质特殊，需要连续作业的职工。

（2）地质、石油及资源勘探、建筑、制盐、制糖、旅游等受季节和自然条件限制的行业的部分职工。

（3）亦工亦农或由于受能源、原材料供应等条件限制难以均衡生产的乡镇企业的职工等。

另外，对于那些在市场竞争中，由于受外界因素影响，生产任务不均衡的企业的部分职工也可以参照综合计算工时工作制的办法实施。实行标准工时制度的企业，延长工作时间应严格按《劳动法》第四十一条的规定执行，不能按季、年综合计算延长工作时间。

→法条链接

《关于企业实行不定时工作制和综合计算工时工作制的审批办法》第五条

《关于贯彻执行〈中华人民共和国劳动法〉若干问题的意见》第68条

小贴士

对于因工作性质或生产特点的限制，实行不定时工作制或综合计算工时工作制等其他工作和休息办法的职工，企业都应根据《劳动法》和《国务院关于职工工作时间的规定》的有关条款，在保障职工身体健康并充分听取职工意见的基础上，采取集中工作、集中休息、轮休调休、弹性工作时间等适当的工作和休息方式，确保职工的休息休假权利和生产、工作任务的完成。

11. 什么是不定时工作制？

不定时工作制也叫无定时工时制，它没有固定工作时间的限制，是针对因生产特点、工作特殊需要或职责范围的关系，无法按标准工作时间衡量或需要机动作业的职工所采用的一种工时制度。这种工时制度有以下特点：一是经批准实行不定时工作制的职工，不受《劳动法》第四十一条规定的日延长工作时间标准和月延长工作时间标准的限制。二是实行不定时工作制的职工，用人单位应当采取适当的休息方式，确保职工的休息休假权利和生产、工作任务的完成。

→法条链接

《关于企业实行不定时工作制和综合计算工时工作制的审批办法》第五条

《〈国务院关于职工工作时间的规定〉问题解答》的通知第五条

《关于贯彻执行〈中华人民共和国劳动法〉若干问题的意见》第68条

小贴士

根据劳动部《关于印发〈关于企业实行不定时工作制和综合计算工时工作制的审批办法〉的通知》（劳部发〔1994〕503号）文件规定，用人单位实行不定时工作制应向劳动保障行政部门提出申请，经审批同意后方可实行。

12. 哪些人员可以实行不定时工作制？

根据国家有关规定，不是所有职工都可以实行不定时工作制。一般来讲，企业中的下列三类职工经劳动保障部门审批，可以实行不定时工作制：

（1）企业中的高级管理人员、外勤人员、推销人员、部分值班人员和其他因工作无法按标准工作时间衡量的职工。

（2）企业中的长途运输驾驶、押运等人员、出租汽车司机和铁路、港口、仓库的部分货运、装卸人员以及因工作性质特殊，需机动作业的职工。

（3）其他因生产特点、工作特殊需要或职责范围的关系，适合实行不定时工作制的职工。

概括地说，可以实行不定时工作制的职工，主要是那些不需要或不能按照标准工作时间工作的人员，以及那些行使管理职能、对企业事业单位发展作用重大的高级管理人员等。

→法条链接

《关于企业实行不定时工作制和综合计算工时工作制的审批办法》第四条

《关于贯彻执行〈中华人民共和国劳动法〉若干问题的意见》第67条

小贴士

不定时工作制的最大特点是没有固定的上下班时间限制，对实行不定时工作制的职工可以不进行考勤，因为进行考勤的话等于是限制了不定时工作制的灵活性。

13. 用人单位能否自行决定实行综合计算工时工作制或不定时工作制？

根据我国法律规定，用人单位是不能自行决定是否实行不定时工作制或综合计算工时工作制的。对于符合条件的职工，需要实行不定时工作制或综合计算工时工作制的，应履行申请报批手续。具体分为两种情况：一是凡中央直属企业实行不定时工作制和综合计算工时工作制等其他工作和休息办法的，应经国务院行业主管部门审核，报国务院劳动保障行政部门批准；二是地方企业实行不定时工作制或综合计算工时工作制等其他工作和休息办法的审批办法，由各省、自治区、直辖市人民政府劳动保障行政部门制定，报国务院劳动保障行政部门备案。

→法条链接

《关于贯彻执行〈中华人民共和国劳动法〉若干问题的意见》第69条

小贴士

根据各地的相关规定，企业实行综合计算工时工作制和不定时工作制的，应向企业营业执照注册地的区、县劳动和社会保障局申报。如果企业实行的特殊工时制度未经劳动行政部门的批准，则应当按照标准工时对待。北京市《企业实行综合计算工时工作制和不定时工作制办法》规定，对实行不定时工作制企业批准的实行时限为一至三年；实行综合计算工时工作制的企业在申报的岗位未发生变化的情况下，可以不规定实行时限，但因生产任务不均衡而实行综合计算工时工作制的企业，其实行时限为一至三年。

14. 用人单位可以同时实行多种工时制度吗？

目前我国规定的工时制度主要是标准工时制度、综合计算工时制度以及不定时工作制度。标准工时是企业事业单位、社会团体在正常情况下普遍实行的工作时间，适用范围最广。另外，在特殊情况下，用人单位对符合条件的员工，也可以实行特殊工时。例如针对因工作性质特殊，需连续作业或受季节及自然条件限制的企业部分职工，采用以周、月、季、年等为周期的综合计算工时制度；针对因生产特点、工作特殊需要或职责范围的关系，无法按标准工作时间衡量或需要机动作业的职工实行不定时工作制。用人单位可以根据工作岗位的不同情况，对不同的职工实行不同的工时制度。

→法条链接

《劳动法》第三十六条、第三十九条

《关于企业实行不定时工作制和综合计算工时工作制的审批办法》第四条、第五条

小贴士

需要注意的是，用人单位实行除标准工时外的工时制度，需要经过劳动行政部门的审批，未经审批的均按照标准工时制度执行。如果经过了审批，那么一个用人单位可以实行多种工时制度。

15. 个体经济组织能否实行综合计算工时工作制或不定时工作制？

《劳动法》第二条规定，个体经济组织和与之形成劳动关系的劳动者，适用《劳动法》；劳动部《关于贯彻执行〈中华人民共和国劳动法〉若干问题的意见》第1条对“个体经济组织”给予了界定，即指一般雇工在7人以下的个体工商户。根据这些规定，《劳动法》有关用人单位享有的权利，个体经济组织同样享有。因此，个体经济组织可以依据《劳动法》及国家相关规定，经劳动保障行政部门批准实行灵活的工作和休息办法，而不必一定要实行标准工时制度。

→法条链接

《劳动法》第二条

《关于贯彻执行〈中华人民共和国劳动法〉若干问题的意见》第1条

小贴士

个体经济组织若实行综合计算工时工作制或不定时工作制，要依照法定程序和符合法定条件，并在确保劳动者身体健康的基础上，保证生产、工作任务的完成。《劳动法》在赋予个体经济组织实行其他工时工作制权利的同时，同样保护劳动者依法享有的休息休假权利。

16. 目前，已有哪些行业经审批可以实行不定时工作制和综合计算工时工作制？

企业因生产特点不能实行标准工时的，经劳动保障行政部门批准，可以实行其他工作时间和休息办法。截至2004年年底，劳动和社会保障部已对铁路行业及石油化工、陆上石油、交通、冶金、电力、建筑、民航、新闻出版、电子、船舶、航天、烟草、地质、林业、银行、水利、水产、铁路、航空等中央直属或国家有关主管部门直属的企业的部分职工，批准实行不定时工作制和综合计算工时工作制。

→法条链接

《劳动法》第三十七条

《关于企业实行不定时工作制和综合计算工时工作制的审批办法》第四条、第五条、第七条

小贴士

中央直属企业、企业化管理的事业单位实行不定时工作制和综合计算工时工作制等其他工作和休息办法的，须经国务院行业主管部门审核，报国务院劳动保障行政部门批准。

17. 石油企业职工实行什么样的工时制?

根据《劳动部关于部分石油职工实行不定时工作制和综合计算工时工作制的补充批复》，石油企业职工根据岗位的不同实行不同的工时制：

（1）从事测井、地质录井、试油、矿区建筑施工、炼油化工等直接生产人员，部分为石油勘探开发生产服务的辅助和后勤人员，实行以工作周期或月、季、年为周期的综合计算工时工作制，采取适当的工作轮班制度和工作、休息办法。

（2）企业高级管理人员、外勤人员、销售人员、装卸人员、消防人员、边远井站驻岗人员、部分运输及值班性岗位人员，以及因生产特点、工作性质无法按标准工作时间衡量的职工，实行不定时工作制。

→法条链接

《劳动部关于部分石油职工实行不定时工作制和综合计算工时工作制的补充批复》第一条、第二条

小贴士

1988 年 9 月 17 日，根据中国国内市场经济发展的需要和政府职能转换的要求，国务院撤销了石油工业部，以其所辖主要资源和资产为依

托，成立中国石油天然气总公司。主要从事石油、天然气上游领域的生产业务，兼有部分政府管理、调控职能。1998 年 7 月，根据国务院机构改革方案，在中国石油天然气总公司的基础上组建了中国石油天然气集团公司（简称中国石油集团，英文缩写：CNPC）。原中国石油天然气总公司直属的 12 个油气田企业、直属的其他企事业单位等公司和单位划归中国石油天然气集团公司。目前，中石油已经发展为一家集油气勘探开发、炼油化工、油品销售、油气储运、石油贸易、工程技术服务和石油装备制造于一体的综合性能源公司。此外，我国主要的石油公司还有中国石油化工集团公司、中国海洋石油总公司等。

18. 铁路企业劳动者实行什么样的工时制？

针对铁路运输、施工生产特点，1995 年 3 月铁道部颁发了《国家铁路劳动者实行综合计算工时工作制办法》，规定铁路实行国家规定的工作时间标准，针对铁路企业生产特点，可分别以周、月、季、年为周期综合计算工作时间。需要昼夜不间断作业的劳动者，实行轮班工作制度；需要集中作业的劳动者，实行集中工作、集中休息或轮换调休等工作方式。但全年月平均工作时间不超过 186.6 小时。铁路企业轮班工作制包括轮班制和乘务制。轮班制分为：四班制、三班半制、三班制、三班间歇制、二班半间歇制、二班及以下间歇制；乘务制分为：轮乘制和包乘制。实行轮班工作制的，由铁路局（集团公司）根据全年月平均工作时间和年度正常工作量的平均每昼夜实际工作时间，按不同岗位的企业特点自主确定不同的劳动班制。其他实行轮班工作制的由各用人单位自主决定。

→法条链接

《国家铁路劳动者实行综合计算工时工作制办法》第二至第七条

小贴士

2013 年 3 月 10 日，根据国务院机构改革和职能转变方案，实行铁路政企分开。将中华人民共和国原铁道部拟定铁路发展规划和政策的行政职责划入交通运输部；组建国家铁路局，由交通运输部管理，承担铁道部的其他行政职责；组建中国铁路总公司，承担铁道部的企业职责；不再保留铁道部。2013 年 3 月 17 日，中国铁路总公司正式挂牌成立。

19. 电子企业职工实行什么样的工时制？

《劳动部关于对电子工业部直属企业部分工作岗位实行不定时工作制和综合计算工时工作制的批复》规定：

（1）电子工业部直属企业中部分高级管理人员及其专职司机和文秘人员，从事市场营销及采购人员，长途货车驾驶员，专用铁路机动装卸、货物发运及仓储人员，保卫及部分非生产性值班人员和其他适合实行不定时工作制的人员，可实行不定时工作制。

（2）对部分受生产工艺制约等因素影响，从事电子玻璃制品的压制、拉管、吹制人员，大型无线电整机的现场安装及调试人员，后勤服务等部门的工作人员及其他适合实行综合计算工时工作制的人员，可实行综合计算工时工作制。

→法条链接

《劳动部关于对电子工业部直属企业部分工作岗位实行不定时工作制和综合计算工时工作制的批复》第一条

小贴士

电子企业主要从事电子信息产业研究、开发、生产、销售、服务等业务。电子工业部是国务院原有的政府部门。1982 年 5 月 4 日，原第四机械工业部、国家广播电视工业总局、国家电子计算机工业总局合并组建为“电子工业部”。1988 年 4 月，电子工业部与机械工业部合并，成立机械电子工业部。1993 年 3 月，机械电子工业部分拆，恢复了电子工业部设置。1997 年 9 月，电子工业部根据《国务院机构改革方案》被撤销，其原有职能由中华人民共和国信息产业部执行。

20. 银行职工实行什么样的工时制？

《劳动部关于中国工商银行部分岗位员工实行不定时工作制和综合计算工时工作制的批复》规定：

（1）实行不定时工作制的人员为：对公存款、信贷、计划及储蓄专业的外勤人员；储蓄、出纳、会计专业的计算机维护人员和自动柜员机（ATM）维护、综合主控人员；一线储蓄所、分理处的负责人员（正副职）；押运、守库、保卫、司机等人员；电工、空调工、电梯维护人员、食堂炊事人员。

（2）实行综合计算工时工作制的人员为：储蓄业务临柜人员。中国银行、中国农业银行、中国建设银行、交通银行等经劳动保障行政部门批准对部分岗位也分别实行不定时工作制和综合计算工时工作制。

→法条链接

《劳动部关于中国工商银行部分岗位员工实行不定时工作制和综合计算工时工作制的批复》第一条

小贴士

银行是依法成立的经营货币信贷业务的金融机构。银行按类型分为：中央银行、商业银行、投资银行、政策性银行、世界银行。在我国，“中国人民银行”是我国的中央银行，工商银行、农业银行、建设银行、中国银行、交通银行、邮政银行等属于商业银行；中国进出口银行、中国农业发展银行、国家开发银行属于政策性银行。实行不定时工作制和综合计算工时工作制的银行，应根据《劳动法》第一章、第四章的有关规定，在保障员工身体健康并充分听取员工意见的基础上，采取适当的工作、休息方式，确保员工的休息权利和生产、工作任务的完成。

二、延长工作时间允许吗

21. 用人单位延长工作时间应具备什么条件?

延长工作时间，也称加班加点，是指用人单位经过一定程序，要求劳动者超过法律、法规规定的最高限制的日工作时数和周工作天数而工作。任何单位和个人不得擅自延长职工工作时间。

根据《劳动法》第四十一条的规定，用人单位由于生产经营需要，经与工会和劳动者协商后可以延长工作时间，一般每日不得超过 1 小时；因特殊原因需要延长工作时间的，在保障劳动者身体健康的条件下延长工作时间每日不得超过 3 小时，但是每月不得超过 36 小时。即用人单位安排加班加点有三个条件：一是加班加点的原因是出于生产经营需要。所谓“生产经营需要”是指来料加工、商业企业在旺季完成收购、运输、加工农副产品紧急任务等情况。二是程序上必须与工会和劳动者协商。三是加班加点有时间限制。一般每天不超过 1 小时，有特殊原因的不超过 3 小时，每月不超过 36 小时。此外，对怀孕 7 个月以上和在哺乳未满 1 周岁的婴儿期间的女职工，不得安排延长工作时间和夜班劳动。

→法条链接

《劳动法》第四十一条

《关于贯彻执行〈中华人民共和国劳动法〉若干问题的意见》第 71 条

小贴士

企业决定延长工作时间必须经过与劳动者和工会协商的程序。协商同意延长劳动时间后，也不能超出法律限定的范围。但同时需要注意，根据《劳动部贯彻〈国务院关于职工工作时间的规定〉的实施办法》第七条的规定，遇有特殊情形或紧急任务，延长工作时间可以不受上述程序限制。

22. 哪些情况下延长工作时间可不履行协商程序？

用人单位遇有特殊情形或紧急任务的，延长工作时间可以不受正常情况下延长工作时间的长度限制，既不需要审批，也不需要与工会和劳动者协商。主要有以下几种情形：

（1）发生自然灾害、事故或者因其他原因，使人民的安全健康和国家财产遭到严重威胁，需要紧急处理的。

（2）生产设备、交通运输线路、公共设施发生故障，影响生产和公众利益，必须及时抢修的。

（3）必须利用法定节日或公休假日的停产期间进行设备检修、保养的。

（4）为完成国防紧急任务，或者完成上级在国家计划外安排的其他紧急生产任务，以及商业、供销企业在旺季完成收购、运输、加工农副产品紧急任务的。

（5）法律、行政法规规定的其他情形。

→法条链接

《劳动法》第四十二条

《劳动部贯彻〈国务院关于职工工作时间的规定〉的实施办法》第七条

小贴士

上述情形都涉及公众利益，如不及时解决，必将影响人民群众的生活，甚至生命和社会正常的生产秩序，所以，通过延长工作时间及时解决这些问题是十分必要的。上述情况下的延长劳动时间，劳动者不仅要自觉服从用人单位的安排，而且应当积极参加。

23. 加班和加点有什么区别？

加班是指职工按照用人单位的要求，在法定节假日或公休假日从事生产或工作。加点是指职工按照用人单位的要求，在正常工作日工作时间以外继续从事生产或工作。加班与加点，既有相同之处，又有明显的区别。加班与加点的区别在于：

（1）加班时间是特定的，仅限于在法定节假日或公休假日加班；加点时间是任意的，根据生产经营需要，可以在任何工作日加点。

（2）加班有的予以补休（公休假日加班，一般予以补休），有的不予补休（法定节假日加班的，不予补休）；加点则不予补休。

（3）加班的工资报酬高于加点的工资报酬。例如，法定节假日加班，支付不低于工资的300%的工资报酬；加点的，支付不低于工资的150%的工资报酬。

→法条链接

《劳动法》第四十一条

《关于〈中华人民共和国劳动法〉若干条文的说明》第四十一条

小贴士

加班与加点也有一些共同点：一是均属于延长工作时间。除休息日加班予以补休的以外，在法定节假日、公休假日加班，或者在正常工作日以外加点，都是延长工作周或工作日的工作时间。二是延长工作时间都是有限度的，每日延长工作时间为1～3小时，每月不得超过36小时。三是均加发工资报酬。除休息日加班予以补休的以外，加班加点均依照法律规定加发工资报酬。四是程序相同。用人单位与工会和劳动者协商取得一致意见后，方可依法延长工作时间。

24. 加班与值班有何不同？

加班一般指用人单位由于生产经营需要，经与工会和劳动者协商后，安排劳动者在法定工作时间以外继续从事本职工作。而值班是指职工根据用人单位的要求，在正常工作时间之外负担一定的非生产性、非本职工作的责任。

判断加班与值班的主要依据，是看劳动者是否继续在原来的岗位上从事本职工作，或者是否有具体的生产或经营任务。值班是因一定特殊原因，由劳动者在非工作时间内承担一定非生产性、非本职工作。而加班是因单位的生产经营需要，由劳动者在原工作岗位和非工作时间继续从事本职工作。一般而言，值班是单位因安全、消防、假日防火和防盗或为处理突发事件、紧急公务处理等原因，临时安排或根据制度在夜间、公休日、法定休假日等非工作时间内安排与劳动者本职无关联的工作，或虽与劳动者本职工作有关联，但为非生产性的责任。用人单位安排劳动者加班的，需要经过与工会和劳动者的协商程序，除特殊情况外劳动者有权拒绝；而安排劳动者值班则属于用人单位用工管理权范畴，不必经过上述程序，劳动者在一般情况下也不得拒绝。

→法条链接

《劳动法》第四十一条至第四十四条

小贴士

关于值班问题，目前尚无明确的法律规范对其进行调整，值班的报酬标准也无明确规定，一般情况下由单位内部制定的规章制度予以规范。而加班报酬是受《劳动法》等有关法律法规的直接规范。通常认为，值班期间劳动者并不直接从事劳动，亦不存在工作任务，其仍然处于休息之中，因此值班并不能直接等同于加班，不应由用人单位支付加班费。但值班人员确实承担着一定的工作责任，应当向其支付一定的报酬。由于对值班费或值班津贴的标准《劳动法》等法律法规并无明确规定，所以应按照用人单位相应的规章制度执行。

25. 如何认定加班事实？

对“加班事实”的认定方面应把握以下几点：

（1）加班是在规定的工作时间之外。所谓规定的工作时间，标准工时制是指职工每日工作 8 小时，每周工作 40 小时。综合计算工时制规定的工作时间，分别是每周 40 小时、每月 166.64 小时、每季度 499.92 小时、每年 1999.68 小时。不定时工作制不存在规定的工作时间的问题。

（2）加班属于工作的延伸，劳动者的行为属于用人单位的业务范畴；劳动者的行为虽不属于用人单位的业务范畴，但受用人单位指派；虽然不属于用人单位业务范畴，但有充分证据证明劳动者确实是为了用人单位利益而进行的活动，皆属于工作。虽属于用人单位业务范畴，但有充分证据证明劳动者的主观意思不是为了用人单位业务的，不属于工作。

（3）加班由法定或劳资双方约定。加班工作应当由劳资双方协商决定，强制和主动加班的单方决定往往构不成加班事实。但劳动者在紧急状态下的单方加班事实，用人单位必须认可。比如：发生自然灾害、事故或者因其他原因，威胁劳动者生命健康和财产安全，需要紧急处理的；生产设备、交通运输线路、公共设施发生故障，影响生产和公众利益，必须及时抢修的；抢险救灾等维护国家利益、公共利益活动的。

→法条链接

《劳动法》第三十六条、第三十八条、第四十一条、第四十二条

小贴士

法律意义上的加班是用人单位安排的加班。用人单位支付加班工资的前提是“用人单位根据实际需要安排员工在法定标准工作时间以外工作”，即由用人单位根据实际需要安排了加班，职工在法定工作时间以外进行了工作，用人单位才应该支付加班工资。如果职工下班后在单位逗留“自愿加班”，这既不是用人单位的要求或决定，也没有用人单位

认可的加班记录，不属于法律意义上的加班。如果职工有证据证明确属因用人单位安排了过多的工作任务，而使职工不得不在正常的工作时间以外加班，实践中可被确认为“事实加班”。

26. 标准工时下如何认定加班加点？

在标准工时条件下，下列情况视为加班：一是安排劳动者延长工作时间的，即劳动者每日工作时间超过 8 小时，周工作时间超过 40 小时，又称加点。二是休息日安排劳动者工作的。三是法定休假日安排劳动者工作的。因工作情况特殊实行轮班制的职工，法定节假日必须轮流工作时，属于节假日加班，应按《劳动法》的规定，支付劳动者不低于正常工资 300% 的工资报酬。

→法条链接

《劳动法》第三十六条、第四十四条

《〈国务院关于职工工作时间的规定〉问题解答》第九条

小贴士

安排劳动者延长工作时间，在加班时间计算时应以多少小时为基础的问题上，劳动部在《关于〈国务院关于职工工作时间的规定〉问题解答》中明确规定：企业因生产经营需要延长工作时间一律以每周 40 小时为基础计算。

27. 综合计算工时制下如何认定加班加点？

综合计算工时是以标准工作时间为计算依据的，也存在着加班加点的问题。在综合计算工时周期内，某一天、某一周、某一月的工作时间可以超过标准工时下的 8 小时、40 小时和 166.64 小时（20.83 个月工作日 *8 小时/天），但总的工作时间不能超过法定的标准工作时间。例如以季度为周期的，不得超过 500 小时（166.64 小时/月 *3 个月），以年为周期的，不得超过 1999.7 小时（166.64 小时/月 * 3 个月）。根据法律规定，综合工时制下认定加班加点可以分为以下三种情况：

（1）在综合计算周期内，某一具体工作日或工作周的实际工作时间超过 8 个小时或 40 小时，但总的工作时间不超过法定标准工时的，不视为加班；超过的，视为加班，用人单位应当依法支付不低于正常工资 150% 的工资报酬。

（2）对实行综合计算工时制的职工，工作日正好是周休息日的，属于正常工作，不需要支付 200% 的加班工资。

（3）工作日正好是法定节假日的，用人单位应当依法支付不低于 300% 的工资报酬。

→法条链接

《劳动法》第三十九条

《关于企业实行不定时工作制和综合计算工时工作制的审批办法》第五条

《关于贯彻执行〈中华人民共和国劳动法〉若干问题的意见》第 68 条

小贴士

用人单位实行综合计算工时制，应当经过劳动行政部门的批准，并应当向劳动者公示告知，否则仍然按照标准工时计算工作时间。

28. 不定时工作制下是否存在加班问题？

根据《工资支付暂行规定》，实行不定时工时制度的劳动者，不执行法律关于加班工资的规定。由此可见，不定时工作制下不存在加班问题，无论劳动者在工作日延长劳动时间，还是在休息日或者法定休假日工作均不属于加班。

需要注意的是，目前上海、深圳等一些地方出台规定，经批准实行不定时工时制的用人单位，在法定休假节日安排劳动者工作的，需要按300%的标准向劳动者支付工资报酬。因此，对于企业安排实行不定时工作制的劳动者在法定节假日工作的，是否算做加班需参考各地政策。

→法条链接

《工资支付暂行规定》第十三条

《关于企业实行不定时工作制和综合计算工时工作制的审批办法》第四条

《上海市企业工资支付办法》第十三条

小贴士

对于实行不定时工作制的劳动者，其工资由企业按照本单位工资制度和工资分配办法，根据劳动者的实际工作时间和完成定额情况计发。企业应当根据标准工时制度合理确定劳动者的劳动定额或其他考核标准，以便安排劳动者休息。

29. 日工作时间超过8小时就算作加班加点吗?

对这一问题的回答，取决于企业实行怎样的工时制度。对于实行标准工时的职工来说，日工作时间超过8小时就应算作加班加点。对于实行不定时工作制的职工来说，则不存在加班加点的问题。对实行综合计算工时工作制的职工，在综合计算周期内，如果劳动者的实际工作时间总数超过该周期的法定标准工作时间总数，超过部分应视为延长工作时间。如果在整个综合计算周期内的实际工作时间，总数不超过该周期的法定标准工作时间总数，只是该综合计算周期内的某一具体日（或周、或月、或季）超过法定标准工作时间，其超过部分不应视为延长工作时间。

→法条链接

《工资支付暂行规定》第十三条

《关于企业实行不定时工作制和综合计算工时工作制的审批办法》第五条

小贴士

《工资支付暂行规定》第十三条规定："经劳动行政部门批准实行综合计算工时工作制的，其综合计算工作时间超过法定标准工作时间部分，应视为延长工作时间。""超过法定标准工作时间部分"是指劳动者在规定的综合计算周期内，为完成劳动定额或规定的工作任务所耗费的总时数，实际超过该周期法定标准工作时数以外工作的部分，也即指某一具体计算周期内实际工作时间超过标准工作时间，而不是指某一具体日或周的工作时间超过法定工作时间标准。

30. 实行综合计算工时工作制，是否还要遵守每周至少休息 1 日和每日加班时间不得超过 3 小时的规定？

实行综合计算工时工作制的用人单位，可以不受保证劳动者每周至少休息 1 日和每日延长工作时间最多不超过 3 小时的限制。依据《劳动部关于职工工作时间有关问题的复函》的规定，劳动行政部门在审批综合计算工时工作制过程中不宜再要求企业实行符合标准工时工作制的规定。但是，也要求企业做到无论采取何种工作方式，都要与工会和劳动者协商，同时要求企业做到对在第三级以上（含第三级）体力劳动强度工作岗位上工作的劳动者，每日连续工作时间不得超过 11 小时，并且要每周至少休息 1 天。

→法条链接

《劳动法》第三十九条

《关于企业实行不定时工作制和综合计算工时工作制的审批办法》第五条

《劳动部关于职工工作时间有关问题的复函》第九条

小贴士

依据《劳动法》第三十九条的规定："企业因生产特点不能实行本法第三十六条、第三十八条规定的，经劳动行政部门批准，可以实行其他工作和休息办法。"据此可见，实行其他工作和休息办法的，不必执行《劳动法》第三十六条"每日工作时间不超过八小时、平均每周工作不超过四十四小时的工时制度"，也不必执行《劳动法》第三十八条"劳动者每周至少休息一日"的规定。

31. 职工依法参加社会活动算上班吗?

根据我国法律规定，劳动者在法定工作时间内依法参加社会活动期间，用人单位应视同其提供了正常劳动而支付工资。也就是说，劳动者参加法定的社会活动的时间应该视同上班的时间，正常上班期间所享受的工资、奖金、津贴等待遇，劳动者参加社会活动期间也可以享受。实行计件工资的企业可以根据本单位具体情况确定劳动者参加社会活动期间工资的具体数额。比如，可以按照平均劳动定额水平计算出每日的平均计件工资，也可以根据劳动者当月或上个月实际完成的工作件数，再求出每个工作日平均完成的工作件数。如果企业因劳动者参加社会活动不支付劳动者工资，双方发生劳动争议，劳动者本人可以向劳动争议仲裁机关申请仲裁，对仲裁裁决不服的，可以向人民法院提起诉讼。如当地没有成立劳动争议仲裁机构，也可以向当地劳动保障行政管理部门报告，要求裁决。

→法条链接

《劳动法》第五十一条

《工资支付暂行规定》第十条

小贴士

劳动者在法定休假日和婚丧假期间以及依法参加社会活动期间，用人单位应当依法支付工资。这里所指的社会活动包括：（1）行使选举权；（2）当选代表出席政府、党派、工会、青年团、妇女联合会等组织召开的区（乡）级以上的代表会议；（3）担任人民法院的人民陪审员、证明人及辩护人；（4）出席劳动模范、先进工作者大会；（5）《工会法》规定的不脱产工会基层委员会因工会活动占用的生产时间等。

32. 中午休息时间、吃饭时间算作工作时间吗?

根据国家有关规定，实行标准工作时间工作制的职工，中午休息的时间是刨除在工作时间以外的。而实行综合计算工时工作制和不定时工作制的职工，其中午的休息时间要看具体情况才能确定是否算作工作时间。一般而言，中午休息时间是不能算作工作时间的。关于吃饭时间，生产工作不间断的三班制企业短暂用餐时间应作为工作时间。对于非三班制企业（如二班制、常日班），职工中午或晚上用餐时间由企业在相应的工时制度中加以规定，一般不属于工作时间。

→法条链接

《劳动法》第三十六条

小贴士

需要注意，根据现行劳动法律、法规、规章等规定，并非只是生产和工作的时间才算作工作时间。工作时间，是指作业时间、准备与结束时间、各类宽放时间和非劳动者个人原因造成的且劳动者处于待命状态的非生产工作时间、停工时间的总和。作业时间是指直接用于产品加工、完成生产或者工作任务所消耗的时间；准备与结束时间是指为加工产品、执行特定工作任务事前准备和事后结束工作所消耗的时间；宽放时间包括现场组织管理需要（交接班、安全检查、布置工作、整理现场、设备、资料等）所发生的组织性宽放时间、工艺技术装备需要（设备调整、检查等）所发生的技术性宽放时间、劳动者个人生理需要以及为消除过分紧张疲劳安排的间歇等个人需要与休息宽放时间。从事矿山井下作业的劳动者，其离开地面至升出地面期间的全部时间均包含在工作时间之内。

33. 夜班工作 1 小时等于 2 小时吗？

一些用人单位由于行业特点，往往实行多班制。夜班是指劳动者从事夜间劳动的工作时间。按照相关规定，夜班工作时间是指当日晚 22 时至次日晨 6 时的时间。法律除规定不得安排怀孕 7 个月以上的女职工和哺乳未满 1 周岁婴儿的女职工及未成年工从事夜班劳动外，未再有其他规定。用人单位一般都给予上夜班的职工一定的夜餐费或夜班津贴，而且会采取轮流安排职工上夜班的办法。目前，国家没有夜班工作 1 小时算作 2 小时的政策规定。

→法条链接

《劳动法》第六十一条、第六十三条、第六十四条

小贴士

2012 年 5 月 8 日，人力资源和社会保障部发布了关于《特殊工时管理规定（征求意见稿）》公开征求意见的通知，该《规定》（征求意见稿）对夜班的概念作了明确界定。夜班是指企业在 22 点至次日 6 点这一时间段安排劳动者工作且时间达 2 小时及以上的情形。企业安排劳动者从事夜班劳动应当支付夜班津贴，标准按照省、自治区、直辖市人力资源社会保障行政部门规定执行。

34. 女职工在哺乳期内能否拒绝加班和上夜班？

《劳动法》和《女职工劳动保护特别规定》对女职工的加班和上夜班问题都有明确的规定：用人单位对怀孕 7 个月以上的女职工，以及女职工在哺乳未满 1 周岁的婴儿期间，不得安排其延长工作时间和夜班劳动。因此，如果女职工怀孕 7 个月以上，或者是正在哺乳未满 1 周岁的婴儿期间的，可以拒绝用人单位安排自己加班或者上夜班的要求。此外法律还规定：对怀孕 7 个月以上的女职工，用人单位应当在劳动时间内安排一定的休息时间。怀孕女职工在劳动时间内进行产前检查，所需时间计入劳动时间。用人单位应当在每天的劳动时间内为哺乳期女职工安排 1 小时的哺乳时间；女职工生育多胞胎的，每多哺乳 1 个婴儿每天增加 1 小时的哺乳时间。

→法条链接

《劳动法》第六十一条、第六十三条

《女职工劳动保护特别规定》第六条、第九条

小贴士

女职工特殊劳动保护是劳动保护工作的一个重要组成部分，是指对女职工在劳动过程中的安全和健康所采取的特殊保护措施。之所以要对女职工进行特殊保护，一是因为女职工在身体结构和生理机能上有别于男性，有着特殊的生理现象，如月经、怀孕、生育、哺乳等，如果不对女职工进行特殊的劳动保护，就会严重损害女职工的身体健康。二是因为女职工担负着人类自身繁衍的崇高职责，是双重意义上的生产者。女职工的健康不仅关系到其自身和家庭，而且关系到下一代和整个民族的健康。

35. 企业安排职工在周末或节假日开会或培训是否算作加班？

加班是指职工按照用人单位的要求，在法定节假日或公休假日从事

生产或工作。我们平时说的加班很好识别，在工作时间之外用人单位叫你工作就是加班了。但用人单位在周末或节假日对职工进行培训或组织职工开会、学习似乎与传统的加班工作又有所不同。那么这种行为属不属于加班呢？

我们来看一下加班的几个特征：首先，加班是用人单位要求的；其次，加班的内容体现用人单位的意志；最后，加班是在标准工作日之外。因此，劳动者参加各种培训是否认定为加班，应当根据用人单位的决策和劳动者的意见决定。如果单位要求必须参加，劳动者又实际接受，则“劳动者的行为属于用人单位的业务范畴”，完全符合以上三个特征，应当认定为加班；如果单位允许劳动者自由参加，则劳动者的行为不属于“受用人单位指派”，可以不认定为加班。具体来说，对于单位组织的常规培训，包括新员工的岗前培训或适应性培训，对老员工的新技术、新工艺培训等，这些培训行为是围绕用人单位的生产经营展开的，属于工作的范畴。如果用人单位安排劳动者在休息日或法定假日参加此类培训，应视为加班。对于用人单位开展的福利培训，例如利用晚间或休息日聘请专家讲座，组织职工参加太极拳学习、书法辅导，鼓励职工参加其他单位组织的学历教育或职业资格培训等。这些活动是单位倡导、职工自愿参与，或职工要求、单位同意的。因为福利培训与业务工作无关，职工自愿参加，因此不是工作时间的延伸，不能作为加班对待。

→法条链接

《劳动法》第三十八条

小贴士

《劳动法》第三十八条规定：“用人单位应当保证劳动者每周至少休息一日。”这条规定表明，用人单位必须保证劳动者每周至少有一次24小时不间断的休息。休息是劳动者依法享有的权利，不允许受到侵犯。用人单位在休息日或法定节假日安排职工开会或培训属于用人单位的管理职能，是可以的。但用人单位在行使自己的管理权时，需要遵守法律、法规的规范。用人单位在休息日或节假日组织活动，必须依法履行法定的程序，主要就是要与工会和职工协商，征得同意后方可进行，而且需要向职工支付加班费。

36. 职工有权拒绝加班吗？

正常情况下用人单位要求劳动者延长工作时间要与工会和劳动者协商，而不得强迫劳动者加班，也就是说劳动者若不同意加班有权拒绝。但用人单位延长工作时间是由于遇到下列情况，劳动者不得拒绝：一是发生自然灾害、事故或者因其他原因，威胁劳动者生命健康和财产安全，需要紧急处理；二是生产设备、交通运输线路、公共设施发生故障，影响生产和公众利益，必须及时抢修；此外，怀孕7个月以上和处在哺乳未满1周岁的婴儿期间的女职工在任何情况下都可以拒绝加班。

→法条链接

《劳动法》第四十一条、第六十一条

小贴士

用人单位安排劳动者加班一般分为两种情况，一是正常加班，二是非正常加班，不管哪种情况的加班都要符合国家相关规定。在正常情况下安排加班加点，需要出于生产经营需要，并和工会与劳动者协商一致，加班加点时间也有限制。如果劳动者不同意，是可以拒绝加班的。非正常情况下加班主要是因发生自然灾害等特殊原因。在这些非正常情况下的加班，用人单位可以不受正常情况下的限制，劳动者不能拒绝。

37. 违法加班加点的行为有哪几种情形？

根据国家有关规定，违法加班加点的行为主要有四种情形：

（1）违法延长日工作时间。日工作时间是指法律规定的，一般劳动者在正常情况下每天从事工作的时间。我国实行劳动者每日工作不超过8小时的日工作时间。法律给予用人单位延长日工作时间的标准是，经与工会和劳动者协商后，一般每日不得超过1小时，因特殊原因每日不得超过3小时。超过此时间，即为违法。

（2）违法延长月工作时间。因特殊原因延长工作时间每月不得超过36小时，否则，即为违法。

（3）侵害劳动者每周至少休息1日的权利。《劳动法》规定，用人单位应当保证劳动者每周至少休息1日、在法定节假日期间休假。如果用人单位违反这项规定，实际上也是违法延长了劳动者的工作时间。

（4）违法延长怀孕7个月以上和处在哺乳未满1周岁的婴儿期间的女职工工作时间。《劳动法》对女职工在怀孕和哺乳期间给予了特殊保护，其中就包括禁止用人单位安排怀孕7个月以上和正哺乳未满1周岁婴儿的女职工延长工作时间。

→法条链接

《劳动法》第四十一条、第四十二条、第六十一条

小贴士

《劳动法》第四十一条和第四十二条对于劳动者加班加点条件进行了严格的规定．但是在实际操作过程中，一些用人单位仍然存在违法加班加点的情况。全国总工会2011年进行的一项调查显示，44.4%的被调查职工需要加班才能完成工作。由于经常加班，职工的休息休假权难以保障。22.6%的职工每月休息不足4天（不含4天），有10.1%的职工加班超过了36小时。

38. 用人单位违法加班加点要承担什么法律责任?

根据《劳动法》的规定，用人单位违法安排职工加班加点，必须承担相应的法律责任。用人单位违反《劳动法》规定延长工作时间，应承担的法律责任的种类主要包括：由劳动行政部门给予警告，责令改

正，并由劳动行政部门处以罚款。因为罚款也是行政处罚的一种，对违法的用人单位可以起到惩戒作用。具体的处罚又可以分为这样三种情况：一种是对强迫劳动者加班加点的处罚。即用人单位未与工会和劳动者协商，强迫劳动者延长工作时间，县级以上各级人民政府劳动保障行政部门按照规定给予警告，责令改正，并可按每名劳动者每延长工作时间1小时罚款100元以下的标准处罚。另一种是对超时延长劳动者工作时间的处罚。用人单位每日延长劳动者工作时间超过3小时或每月延长工作时间超过36小时的，县级以上各级人民政府劳动保障行政部门按照规定给予警告，责令改正，并可按每名劳动者每超过工作时间1小时罚款100元以下的标准处罚。三是用人单位安排怀孕7个月以上的女职工延长工作时间和从事夜班劳动的，应责令改正，并按每侵害一名女职工罚款3000元以下的标准处罚。

→法条链接

《劳动法》第九十条

《劳动合同法》第八十五条

《违反〈中华人民共和国劳动法〉行政处罚办法》第四条、第五条、第十三条

小贴士

如果用人单位对行政处罚决定不服，可以依照《行政复议条例》和《行政诉讼法》的规定申请行政复议或提起诉讼。复议或诉讼期间，不影响行政处罚决定的执行。此外，按照有关规定，如果用人单位违法延长工作时间给劳动者造成损害的，用人单位还应承担相应的赔偿责任。用人单位拒不支付劳动者延长工作时间工资报酬的，由劳动行政部门责令限期支付；用人单位逾期不支付的，责令用人单位按应付金额50%以上100%以下的标准向劳动者加付赔偿金。

39. 用人单位安排职工加班的，应当如何支付加班工资？

劳动者加班加点工资应高于其正常工作时间的工资。根据《劳动法》第四十四条的规定，加班工资的支付包括以下三种情况：

（1）用人单位依法安排劳动者在日法定标准工作时间以外延长工作时间的，按照不低于劳动合同规定的劳动者本人小时工资标准的150%支付劳动者工资。这也就是平常所说的“加点”。

（2）用人单位依法安排劳动者在休息日工作，而又不能安排补休的，按照不低于劳动合同规定的劳动者本人日或小时工资标准的200%支付劳动者工资。休息日一般指周六和周日，但周六、周日工作并不一定要支付加班工资。因为法律规定，用人单位可以根据工作性质和生产特点，合理安排劳动者每周的工作时间，只要保证每日工作不超过8小时，每周不超过40小时，以及每周至少休息1天即可。所以休息日有可能不是周六、周日。

（3）用人单位依法安排劳动者在法定休假节日工作的，按照不低于劳动合同规定的劳动者本人日或小时工资标准的300%支付劳动者工资。实行计件工资的劳动者，在完成计件定额任务后，由用人单位安排延长工作时间的，应根据上述规定的原则，分别按照不低于其本人法定工作时间计件单价的150%、200%、300%支付其工资。

→法条链接

《劳动法》第四十四条

《工资支付暂行规定》第十三条

小贴士

需要注意，以上三种情况是对实行标准工时制职工加班工资的计算办法，实行综合计算工时和不定时工作制职工的加班工资计算办法有所不同。其中，实行综合计算工时工作制的，在周末休息日轮班工作的，应视为正常工作，不算加班；但如果其综合计算工作时间超过法定标准工作时间的部分，应视为加班，用人单位需要支付加班工资；在法定休假日轮班工作的，也应按加班处理，支付300%的加班工资。实行不定时工时制度的劳动者，不执行上述规定。只有上海和深圳两地规定，实行不定时工作制的劳动者在法定节假日工作也属于加班，用人单位应支付300%的加班工资。

40. 加班工资的基数应该如何确定？

我国法律规定了支付加班工资的比例，但影响职工加班工资更为关键的因素是加班工资基数的确定。我国《劳动法》规定，用人单位应当按照劳动者正常工作时间工资报酬的一定比例支付职工加班工资。所谓“劳动者正常工作时间工资”是指劳动合同规定的劳动者本人所在工作岗位（职位）相对应的工资。但这一规定仍然不够明确，实践中用人单位与劳动者往往各执一词，引发劳动纠纷。为解决这一问题，上海、江苏、深圳等一些地方做了一些有益探索。

《上海市企业工资支付办法》规定，加班工资的计算基数的确定原则为：（1）劳动合同有约定的，按不低于劳动合同约定的劳动者本人所在岗位（职位）相对应的工资标准确定。集体合同（工资集体协议）确定的标准高于劳动合同约定标准的，按集体合同（工资集体协议）标准确定。（2）劳动合同、集体合同均未约定的，可由用人单位与职工代表通过工资集体协商确定，协商结果应签订工资集体协议。（3）用人单位与劳动者无任何约定的，假期工资的计算基数统一按劳动者本人所在岗位（职位）正常出勤的月工资的70%确定。按以上原则计算的假期工资基数均不得低于上海市规定的最低工资标准。法律、法规另有规定的，从其规定。

《江苏省工资支付条例》规定，确定加班工资基数的原则为：（1）用人单位与劳动者双方有约定的，从其约定。（2）双方没有约定的，或者双方的约定标准低于集体合同或者本单位工资支付制度标准的，按照集体合同或者本单位工资支付制度执行。（3）前两项无法确定工资标准的，按照劳动者前12个月平均工资计算，其中劳动者实际工作时间不满12个月的按照实际月平均工资计算。可见，各地对确定加班工资基数的原则存在不同规定，因此对加班工资基数的计算问题，如果地方有规定的从其规定，无规定的按劳动者正常月工资标准计算。

→法条链接

《劳动法》第四十四条

《关于贯彻执行〈中华人民共和国劳动法〉若干问题的意见》第55条

《工资支付暂行规定》第十三条

小贴士

目前用人单位在确定职工加班费时，除依法以劳动合同中双方约定的工资标准为加班工资基数外，还存在以下几种情形：一是将职工工资分很多细项，计算加班费时仅以“基本工资”作为基数，这种情况相对较多，偶尔有用人单位以“基本工资”与其他工资项目之和作为基数，但并没有包括所有工资项目。二是以当地的最低工资标准为计算基数。三是职工无论加班多少，每月固定可得一笔“加班费”，即根本不考虑加班费的计算基数。其中的许多做法是错误的。加班工资应当根据劳动者个人的工资来确定，而不能直接根据当地最低工资标准或者以一个固定的数额来确定加班工资；职工工资的范围应当以国家统计局《关于工资总额组成的规定若干具体范围的解释》中规定“工资总额”概念为准，而不能仅以基本工资为基数。从《劳动法》的相关规定看，确定职工加班费的计算基数似乎很简单，只要以劳动合同中双方约定的工资数额为准即可。但实际情况却并非如此：首先，相当多的用人单位在劳动合同中对于工资的约定往往是不明确、不真实的。其次，即使劳动合同中对职工的工资有真实明确的约定，但职工的工资发生变动后，立即变更劳动合同工资条款的情况非常少。因此，劳资双方在劳动合同中约定的工资报酬标准并不总是与职工正常工作时间所得的劳动报酬相一致，如果仅以劳动合同中约定的工资标准为计算加班费的基数常常并不可行。

对此，可以按照以下原则合理确定职工加班费的计算基数：一是劳动合同明确约定了职工工资数额的，而该工资数额又与实际发放额相一致的，就应当以劳动合同中约定的工资作为加班费计算基数。二是劳动合同没有明确约定工资数额的，应当以职工实际工资额作为计算基数。三是职工的当月工资与当月奖金发放日期不一致，这时应该将这两部分合计作为加班费计算基数。因为职工的月奖具有“劳动正常工作时间工资报酬”性质，属于工资组成部分。

41. 加班工资可以用奖金、过节费或者实物代替吗？

先看奖金与加班工资。虽然二者同属于工资总额的构成部分，但这是两个性质完全不同的概念。加班工资是实行标准工作时间制度和经批准实行综合计算工时工作制度的企业，按照法律规定向劳动者支付的延长工作时间的工资报酬。而奖金是用人单位支付劳动者的超额劳动报酬，包括生产奖、节约奖、劳动竞赛奖、奖励工资和业务提成等。可以说，奖金属于用人单位的自主权范围，而加班工资是法定必须支付的，二者不可以相互代替。用人单位以发放项目奖金为由，不给职工发放加班工资的做法是违法的。不管用人单位是否支付奖金，只要安排劳动者加班，就必须按照相关规定安排补休或支付加班工资。

再看发放过节费或者实物。过节费属于员工福利范畴，我国法律政策对用人单位是否发放过节费没有强制性规定。而加班工资则完全不同，它是对劳动者休息休假损失的补偿，属于法定工资报酬的一种，是法律明确规定的，企业必须履行的法定义务。因此，过节费与加班工资完全是两回事，不能相互抵冲。此外，加班工资属于劳动报酬，必须以货币形式给付。

综上，安排职工加班，必须依法安排补休或支付加班工资，不得以实物或过节费来冲抵。

→法条链接

《劳动法》第四十四条

《关于工资总额组成的规定》第四条、第七条

《关于贯彻执行〈中华人民共和国劳动法〉若干问题的意见》第53条。

小贴士

奖金属于用人单位的自主权范围，用人单位可以根据本单位的生产经营特点和经济效益，自主确定奖金的发放与否、发放数量、发放形式。而加班工资是法定的，只要劳动者有法律意义上的加班事实，用人单位就应当按照法律规定向劳动者安排补休或者支付额外工作时间的工作报酬。

42. 休息日加班，用人单位可否不支付加班费而给予补休？

《劳动法》第四十四条规定，休息日安排劳动者加班工作的，应首先安排补休，不能补休时，则应支付不低于工资的200%的工资报酬。《劳动部关于职工工作时间有关问题的复函》进一步规定，补休时间应等同于加班时间。

→法条链接

《劳动法》第四十四条

《工资支付暂行规定》第十三条

《关于贯彻执行〈中华人民共和国劳动法〉若干问题的意见》第62条

小贴士

休息休假是劳动者的基本权益，要求用人单位支付更高标准的加班加点工资本身不是目的，而是为了对劳动者在休息休假权益得不到保障时给予补偿，并且促使用人单位尽量不安排劳动者加班加点，保障其合法休息休假权益。休息日安排劳动者工作的，应先按同等时间安排其补休，不能安排补休的应支付劳动者延长工作时间的工资报酬，即不低于200%的加班工资。

43. 在工作日加点和在法定节假日加班，用人单位可否不支付加班费而给予补休？

与休息日加班不同，在平时延长工作时间和法定休假日安排劳动者工作的，只能支付法律规定的工资报酬，不能以安排补休为由而拒不支付劳动者加班工资。用人单位安排劳动者在工作日延长工作时间的，支付不低于工资的150%的工资报酬；用人单位在法定节假日安排劳动者工作的，应按照不低于劳动合同规定的劳动者本人日工资或小时工资标准的300%支付劳动者工资报酬。这两种情况都不能以安排补休来替代。即使补休，职工仍然可以要求企业支付加班工资。

→法条链接

《劳动法》第四十四条

《工资支付暂行规定》第十三条

《关于贯彻执行〈中华人民共和国劳动法〉若干问题的意见》第62条

小贴士

标准工作时间以外延长劳动者工作时间和休息日、法定休假日安排劳动者工作，都是占用了劳动者的休息时间，应当严格加以限制，支付高于正常工作时间的工资报酬采取的就是一种限制措施。但是三种情形下组织劳动者劳动是不完全一样的，特别是法定休假日对劳动者来说，法定节假日是带薪休假，安排劳动者在法定节假日加班，不仅影响了劳动者的休息，而且影响了劳动者进行精神文化生活和其他社会活动，因此不能通过安排补休的方式弥补，必须依法支付300%的加班工资。

44. 用人单位安排劳动者调休，劳动者可否不同意调休而要求支付加班工资？

加班加点分为三种情况，不同的情况下关于调休的规定也不相同。

（1）在休息日加班的。《劳动法》第四十四条规定，用人单位在休息日安排劳动者工作又不能安排补休的，支付不低于工资的200%的工资报酬。原劳动部在《关于职工工作时间有关问题的复函》中指出，休息日安排劳动者加班工作的，应首先安排补休，不能补休时，则应支付不低于工资的200%的工资报酬。补休时间应等同于加班时间。

（2）在法定休假日安排劳动者加班工作的，应另外支付不低于工资的300%的工资报酬，一般不安排补休。

（3）在工作日加点工作的，《劳动法》规定，用人单位应当支付不低于工资的150%的工资报酬。虽然并未明确规定不允许调休，但也并未赋予用人单位像休息日加班那样“安排补休或者支付加班工资”的选择权。由此可见，休息日加班，是否安排补休，决定权在用人单位，优先安排劳动者调休，也是单位的法定义务，劳动者应服从单位的调休安排；法定休假日加班，单位应支付加班工资，不得通过安排补休而规避法律责任；工作日加点的，用人单位也应支付加班工资。

→法条链接

《劳动法》第四十四条

《劳动部关于职工工作时间有关问题的复函》第四条

小贴士

实践中，经常出现企业安排调休，但劳动者不愿意调休而希望获得加班工资的情况。这种情况怎么处理？由于法律规定休息日加班是否调休的决定权在企业，所以劳动者的这种主张不能获得法律的支持。

45. 安排劳动者在休息日加班，可否只支付100%的加班工资？

在原劳动和社会保障部《关于职工全年月平均工作时间和工资折算问题的通知》（劳社部发〔2008〕3号）中，明确将休息日（104天）排除在计薪天数之外。也就是说，正常情况下，由于劳动者在休息日没有向单位提供劳动，因此是没有工资的，用人单位按月发放的工资中不包括休息日的工资。如果用人单位安排职工在休息日加班，应该按照《劳动法》规定的正常工资的200%支付加班工资。这一加班工资是完全为劳动者的加班劳动支付的，而不能认为其中100%的加班工资已经包括在正常发放的工资之中，因此只支付另外100%的加班工资。

→法条链接

《劳动法》第四十四条

《关于职工全年月平均工作时间和工资折算问题的通知》第二条

小贴士

工资报酬是劳动者在向用人单位提供了正常劳动的前提下，从用人单位获得的劳动报酬。一般来说，劳动者没有向用人单位提供正常劳动的情况下，是没有工资的。但为了维护劳动者的利益，国家法律规定，劳动者在依法休带薪年休假、病假等法定假期以及依法参加社会活动时，应该视为提供了正常劳动，用人单位应该向劳动者支付工资。不过，这些假期不包括休息日。

46. 安排劳动者在法定节假日加班，300%的加班工资是否包括原工资在内?

法定休假日安排劳动者工作的，支付不低于工资的300%的工资报酬，其中是否包括原工资？按照《劳动法》第五十一条的规定，法定节假日用人单位应当依法支付工资，即折算日工资、小时工资时不剔除国家规定的11天法定节假日。据此，职工月计薪天数应为21.75天，日工资=月工资收入÷月计薪天数（21.75天）。劳动者在法定休假日加班的，其工资应为日工资的3倍，即：月工资收入÷21.75天×3倍。例如，劳动者李四的月工资为2175元，企业安排其在5月1日加班1天。计算其加班工资，应先求其日工资为2175元÷21.75天=100元，加班工资为100元×3倍=300元。

→法条链接

《劳动法》第四十四条

《全国年节及纪念日放假办法》第二条

《关于职工全年月平均工作时间和工资折算问题的通知》第一条、第二条

小贴士

需要注意区分以下情况：如果企业安排员工李四在“五一”假期加班三天（即5月1日至3日），其中5月1日的工资应按法定节假日加班的300%标准计算，而其他两天如果用人单位不能安排补休，则应按休息日加班200%的标准计算。这是因为根据《全国年节及纪念日放假办法》的规定，劳动节只在5月1日放假1天，另外两天是将原休息日调休而来。

47. 实行综合计算工时制的职工，怎么计算加班工资？

实行综合计算工时制的劳动者，在综合计算周期内，某一具体工作日或工作周的实际工作时间超过8个小时或40小时，但总的工作时间不超过法定标准工时的不视为加班，超过的视为加班；工作日正好是周休息日的，属于正常工作，不视为加班；工作日正好是法定节假日时，视为加班。因此，在综合计算工时下，加班工资计算只有两种情况：一是在综合计算周期内，劳动者总的工作时间超过法定标准工时的，用人单位要依法支付150%的工资报酬；二是安排劳动者法定节假日加班的，要支付300%的工资报酬。不存在休息日加班支付200%工资报酬的情况。

→法条链接

《劳动法》第三十九条

《关于企业实行不定时工作制和综合计算工时工作制的审批办法》第五条

《关于贯彻执行〈中华人民共和国劳动法〉若干问题的意见》第68条

小贴士

作为综合计算工时工作制的一种方式，实行轮班工作制的劳动者在法定节假日、休息日轮班工作视为正常工作，其中法定节假日工作按加班处理。按照《劳动法》规定，用人单位应支付劳动者不低于正常工资的300%的工资报酬。

48. 实行不定时工作制的劳动者，是否享受加班工资？

根据有关规定，经批准实行不定时工作制的职工，不受《劳动法》第四十一条规定的日延长工作时间标准和月延长工作时间标准的限制。其工资由企业按照本单位的工资制度和工资分配办法，根据劳动者的实际工作时间和完成劳动定额情况计发。对实行不定时工作制的劳动者在具体的某日工作时间超过8小时的，不视为延长工作时间，不发加班加点工资。需要注意的是，上海、深圳等一些地方出台规定，经批准实行不定时工时制的用人单位，在法定休假节日安排劳动者工作的，需要按300%的标准向劳动者支付工资报酬。

→法条链接

《工资支付暂行规定》第十三条

《关于企业实行不定时工作制和综合计算工时工作制的审批办法》第四条

《上海市企业工资支付办法》第十三条

小贴士

由于实行不定时工作制的岗位忙闲不均，很难定量确定其实际工作时间长短，国家规定对于实行不定时工作制的劳动者，企业应当根据标准工时制度合理确定劳动者的劳动定额或其他考核标准，以便安排劳动者休息。用人单位应在保障劳动者身体健康并充分听取劳动者意见的基础上，采取集中工作、集中休息、轮休调休、弹性工作时间等适当的工作和休息方式，确保职工的休息休假权利和生产、工作任务的完成。对于符合带薪年休假条件的劳动者，企业可安排其享受带薪年休假。

49. 实行计件工资制的单位如何计算加班加点工资？

实行计件工资的劳动者，加班加点工资计算的主要依据是计件单价。《工资支付暂行规定》明确规定：实行计件工资的劳动者，在完成计件定额任务后，由用人单位安排延长工作时间的，应分别按照不低于其本人法定工作时间计件单价的150%、200%、300%支付其工资。

→法条链接

《工资支付暂行规定》第十三条

小贴士

例如某企业实行计件工资制，劳动定额内计件单价为10元，若用人单位安排劳动者在工作日延长工作时间，则以计件单价10元乘以150%，再乘以超额产品件数，即为劳动者加点的工资。若用人单位安排劳动者在休息日加班，则以10元乘以200%，再乘以超额产品件数，即为劳动者休息日加班的工资。若用人单位安排劳动者在法定休假日加班，则以10元乘以300%，再乘以超额产品件数，即劳动者在法定休假日的加班工资。

50. 用人单位不支付加班工资的，将承担什么法律责任？

根据《劳动合同法》的规定，用人单位安排加班不支付加班费的，由劳动行政部门责令限期支付劳动者加班费；用人单位逾期不支付的，责令用人单位按应付金额50%以上100%以下的标准向劳动者加付赔偿金。

→法条链接

《劳动合同法》第八十五条

小贴士

《劳动合同法》出台之后，用人单位应当承担的法律责任有所减轻。一是只有劳动行政部门才可以适用第八十五条的规定，责令用人单位支付加班报酬和赔偿金，仲裁机构和法院无法独立对相应请求进行审查；二是为用人单位支付赔偿金设置了“由劳动行政部门责令限期支付……逾期不支付的……”前提条件，使用人单位承担赔偿金的可能性大大降低；三是把原来1至5倍的赔偿金降低为应付金额的50%以上100%以下。

51. 劳动者主张加班工资需要注意什么？

最高人民法院于2010年9月发布的《关于审理劳动争议案件适用法律若干问题的解释（三）》第九条规定：“劳动者主张加班费的，应当就加班事实的存在承担举证责任。但劳动者有证据证明用人单位掌握加班事实存在的证据，用人单位不提供的，由用人单位承担不利后果。”在此情况下，劳动者应如何寻找、保存证明自己加班的证据？实践中，劳动者能提供的事前证据主要有考勤记录、加班通知、工资条、银行工资打卡记录、同事的证人证言、工作记录等；劳动者还可以在事后通过与单位负责人的录音创造固定加班事实的证据。其中，考勤记录是用人单位记录劳动者出勤上班的记录，包括工作日上下班时间、周末加班时间、各种假期时间的记载，其形式有手工考勤、电子考勤、指纹考勤等。考勤记录能够直接证明劳动者是否存在延长工作时间的情况，因此可以作为证明加班的初步证据。但是，如果用人单位有加班审批制度，劳动者需要加班的，必须按照单位有关规定进行审批才能被视为加班。劳动者没有经过相应的审批程序而留在单位工作的行为，可被视为“自愿”加班。如果就此引发劳动争议，仅仅出示考勤记录不足以证明劳动者加班的事实，只能证明劳动者在下班之后并未离开公司，在证据不足的情况下，法律不会支持劳动者的诉讼请求。

→法条链接

《关于审理劳动争议案件适用法律若干问题的解释（三）》第九条

小贴士

最高人民法院的上述司法解释（三）改变了举证责任的规定：员工起诉加班费的，首先必须证明自己存在加班事实，证明不了的，一般不予支持。新的规定要求劳动者在平时工作过程中，注意收集保存自己加班的证明材料，以免出现加了班却拿不到加班费的问题。对于不同种类证据的证明力来说，一般而言书面材料比录音资料好，有签字的比没签字的好，盖章的比签字的好，原件比复印件好。此外需要注意，根据《劳动争议仲裁调解法》第二十七条的规定，劳动争议仲裁时效为1年，劳动关系存续期间因拖欠劳动报酬发生争议的，劳动者申请仲裁不受1年仲裁时效的限制；但是，劳动关系终止的，应当自劳动关系终止之日起1年内提出。加班工资也属于劳动报酬，因此在劳动关系存续期间追索加班工资是不受1年时效限制的。

三、休息休假权利知多少

52. 我国休息休假的种类有哪些?

劳动者享有的休息休假种类主要包括以下几类:

(1)工作日内的间歇时间。每个工作日内,为了减少劳动者的疲劳和紧张状态,给予劳动者必要的休息和用餐时间即午休时间。一般为1小时,不得少于半小时。实行轮班制的单位,在调换班次时,不得使劳动者连续工作两班。

(2)每周公休假日。按照规定,一般每周工作5天,劳动者可享有2天的公休假日。特殊行业如供电、供水等可从实际情况出发,依法安排休息日。

(3)每年法定节假日。国家法律、法规统一规定的用以纪念、庆祝活动的休息时间。

(4)职工探亲假。指与父母和配偶分居两地的职工,每年在一定时期内,回家与配偶、父母团聚的时间。另外根据实际需要,给予路程假。

(5)其他假期。如年休假、病假、事假、婚丧假等。

→法条链接

《劳动法》第三十六条、第三十八条

《全国年节及纪念日放假办法》第二条至第六条

小贴士

休息休假又称休息时间,是指劳动者在国家规定的法定工作时间外自行支配的时间,包括劳动者每天休息的时数、每周休息的天数、节假日、年休假、探亲假等。我国《宪法》规定：“中华人民共和国劳动者有休息的权利。国家发展劳动者休息和休养的设施，规定职工的工作时间和休假制度。”

53. 企业周休息日必须安排在星期六、星期日吗？

《国务院关于职工工作时间的规定》第七条规定，国家机关、事业单位实行统一的工作时间，星期六和星期日为周休息日。企业和不能实行上述规定的统一工作时间的事业单位，可以根据所在地的供电、供水和交通等实际情况，经与工会和职工协商后，灵活安排周休息日。

→法条链接

《劳动法》第三十八条

《国务院关于职工工作时间的规定》第七条

《关于〈国务院关于职工工作时间的规定〉的实施办法》第九条

小贴士

对于职工休息时间，《劳动法》第三十八条规定用人单位应当保证劳动者每周至少休息一日，但没有将休息日固定为星期六或星期日。也就是说，周六周日休息不是强制性规定，用人单位只要保证劳动者每周至少休息一日，就符合法律规定，可以灵活安排周休息日。

54. 全体公民放假的节日有哪些？

目前，我国全体公民放假的节日共有11天，具体包括：

（1）新年，放假1天（1月1日）；

（2）春节，放假3天（农历正月初一、初二、初三）；

（3）清明节，放假1天（农历清明当日）；

（4）劳动节，放假1天（5月1日）；

（5）端午节，放假 1 天（农历端午当日）；
（6）中秋节，放假 1 天（农历中秋当日）；
（7）国庆节，放假 3 天（10 月 1 日、2 日、3 日）。

→法条链接
《全国年节及纪念日放假办法》第二条

小贴士

1999 年 9 月，国务院出台了新的法定休假制度，决定将每年的春节、“五一”、“十一”的休息时间与前后的双休日拼接，从而形成 7 天的长假。2000 年 6 月，国务院办公厅转发了国家旅游局等九部委《关于进一步发展假日旅游的若干意见》，正式确立黄金周假日制度。2004 年至 2006 年，社会上出现了取消“五一”或者“十一”黄金周，强化春节长假，增加中国传统节日为法定假日的声音。2006 年，主管部门成立假日调整的研究小组，深入调研我国的节假日制度和休假制度的沿革和现状。2007 年 12 月，《国务院关于修改〈全国年节及纪念日放假办法〉的决定》明确了从 2008 年起我国将要执行的假日方案。2008 年“五一”黄金周被取消，改为短假期，共 3 天，并设立了清明、端午、中秋 3 次短假期，放假总时间也由 10 天变为 11 天。

55. 部分公民放假的节日及纪念日有哪些？

目前，我国部分公民放假的节日及纪念日主要有以下几类：
（1）妇女节（3 月 8 日），妇女放假半天；
（2）青年节（5 月 4 日），14 周岁以上的青年放假半天；
（3）儿童节（6 月 1 日），不满 14 周岁的少年儿童放假 1 天；
（4）中国人民解放军建军纪念日（8 月 1 日），现役军人放假半天。

→法条链接
《全国年节及纪念日放假办法》第三条

小贴士

三八妇女节即国际劳动妇女节，其全称是“联合国妇女权益和国际和平日”，在中国又称“国际妇女节”、“三八节”和“三八妇女节”。1909 年3 月8 日，美国芝加哥女工团要求男女平等权利而举行示威，次年8 月在丹麦哥本哈根召开的国际第二次社会主义者妇女大会上决定，为了促进国际劳动妇女的团结和解放，以每年3 月8 日为妇女节。从1909 年3 月8 日以至今日，三八妇女节已走过了百余年历程。中国于1922 年开始纪念“三八”节。中国妇女第一次群众性的纪念“三八”节活动是1924 年在广州举行的。1949 年12 月，中央人民政府政务院规定每年的3 月8 日为妇女节。

56. 少数民族节日如何休假?

少数民族习惯的节日，由各少数民族聚居地区的地方人民政府，按照各该民族习惯，规定放假日期。

→法条链接

《全国年节及纪念日放假办法》第四条

小贴士

蒙古族的传统节日主要有旧历新年、那达慕、马奶节等。朝鲜族的节日基本上与汉族相同。满族受汉文化的影响，节日与汉族相近，重视过农历新年。傣族的重大节日有泼水节、关门节和开门节，均与佛教有关。回族、东乡族、塔塔尔族等每年有三大节日，即开斋节、古尔邦节、圣纪节，都来源于伊斯兰教。厚南节是布朗族盛大的年节。怒族主要节日有春节、仙女节、祭谷神等。独龙族的传统节日只有一个，人们称“卡雀哇”，意为年节。藏族的节庆活动很多，传统节日中以藏历新年、沐浴节、雪顿节和望果节最具特色。傈僳族的主要节日有澡塘会、收获节、过年节等。俄罗斯族的民族节日主要与宗教信仰有关，每年公历的1 月7 日欢度圣诞节。瑶族的民族节日较多，主要有盘王节、达努节等。佤族和汉族一样过春节，还有插种节、新米节。祭山、吃新、过年是仡佬族普遍过的三大节日。鄂温克族以农历新年为主要节日。苗族的传统节日有苗年、四月八、龙舟节、吃新节、赶秋节、花山节、晾桥节等。白族人民主要节庆活动有大过年、三月街、绕三灵、火把节、耍海会、拜日望等。畲族主要过三月三和畲族春节。锡伯族节日中最具民族特色的要算是抹黑节和西迁节。德昂族有关门节和开门节。土家族的传统节日中"以赶年"最为隆重。耍白象是阿昌族传统节日。每年庄稼收获后，珞巴族都要举行近两天的丰收节，叫做昂德林节。壮族节日有三月三歌会、春节、陀螺节、陇端节、吃立节、娅拜节等。"扎勒特"是哈尼族最大的节日，即十月年。拉祜族统一的节日有五个，即春节、清明节、端午节、火把节和八月月圆节。仫佬山乡几乎每1个月都有节日。普米族节日，主要是"大过年"、"大十五节"、"供岩洞"、"转山会"、"尝新节"等。查白歌节是布依族的重大节日。水族节日最隆重的当推"端节"。羌族最重要的传统节日是羌历新年。迄脱乞迪尔节是塔吉克族的传统节日，每年三月举行。京族隆重的民族节日为"唱哈节"，包括祀神、祭祖、文娱和乡饮四项重要活动。

57. 教师节等纪念日放假吗？

二七纪念日、五卅纪念日、七七抗战纪念日、九三抗战胜利纪念日、九一八纪念日、教师节、护士节、记者节、植树节等其他节日、纪念日，均不放假。我国传统的农历重阳节等其他节日，也不放假。

→法条链接

《全国年节及纪念日放假办法》第五条

小贴士

尊师重教是中国的优良传统。设立教师节的目的是为了肯定教师为教育事业所做的贡献。1951年，我国教育部和全国教育工会曾宣布"五一劳动节"同时为"教师节"，但执行的结果是教师节没有了。文化大革命中，教师被贬为“臭老九”，社会地位极其低下。直到1985年，第六届全国人大常委会第九次会议通过了通过《关于教师节的决定》，决定将每年的9月10日定为教师节。1985年9月10日成为中国第一个教师节。近些年来，多次有人士呼吁以孔子诞辰作为教师节。经测算，孔子诞生于公元前551年9月28日（阳历）。每年的农历九月初九日是汉族的传统节日重阳节，又称“踏秋”。早在战国时期就已经形成重阳节，到了唐代，重阳被正式定为民间的节日，此后历朝历代沿袭至今。庆祝重阳节一般会包括出游赏景、登高远眺、观赏菊花、遍插茱萸、吃重阳糕、饮菊花酒等活动。在2007年12月之前，清明、端午、中秋、重阳等传统节日都不放假，后来国务院对《全国年节及纪念日放假办法》进行修改，取消了“五一”黄金周，并将清明、端午和中秋三大传统节日正式列入全民法定公休节日，重阳节暂未列入。

58. 假期适逢星期六、星期日可以补假吗？

全体公民放假的假日，如果适逢星期六、星期日，应当在工作日补假。部分公民放假的假日，如果适逢星期六、星期日，则不补假。

→法条链接

《全国年节及纪念日放假办法》第六条

小贴士

全体公民放假的节日是由国家法律统一规定用以进行庆祝及度假的休息时间，星期六、星期日是劳动者的周公休日，二者都不计算在制度工作天数之内（参考前面关于月制度工作天数的问题），因此如果二者重合，不能因此而取消其中任何一个假日，用人单位应当在工作日安排补休。部分公民放假的节日只针对部分人群，计算在制度工作天数之内，如果与公休日重合，则同时休公休日与节日，不再安排补休。

59. 春节、国庆假期是3天还是7天?

目前，根据每年国务院办公厅关于年度部分节假日安排的通知，大部分劳动者在春节、国庆节等节假日常常能连续休息7天，以至有人误认为这些节假日假期为7天。根据《全国年节及纪念日放假办法》的规定，我国春节放假3天，分别是农历正月初一、初二、初三。为了方便人民群众合理安排假期，提高生活质量，以及推动旅游事业，促进国民经济发展，一般在春节、国庆节法定放假3天的同时，对周休息日时间进行调整，将临近春节、国庆节的4天时间调整为休息日，而在原周休息日照常上班。这样，整个春节和国庆节放假7天，其中法定节假日3天、休息日4天。

→法条链接

《全国年节及纪念日放假办法》第二条

小贴士

例如，2014年春节的放假时间为1月31日至2月6日，共7天。其中，1月31日（春节）至2月2日（初三）为法定节假日，2月3日至6日为调休的休息日。1月26日（星期日）和2月8日（星期六）上班。国庆节也是如此，在10月1日至7日放假调休，共7天。其中3天法定节假日，4天调休，9月28日（星期日）、10月11日（星期六）上班。

60. 职工休息日和法定休假期间是否支付工资?

根据原劳动和社会保障部《关于职工全年月平均工作时间和工资折算问题的通知》，折算日工资、小时工资时不剔除国家规定的11天法定节假日，但剔除周休息日。据此，职工月计薪天数为（365天－104天）÷12月＝21.75天。也就是说，正常情况下，劳动者在休息日是没有工资的，用人单位按月发放的工资中不包括休息日的工资，但职工在休息日休息也不扣发工资。而在法定休假日休息的，用人单位必须支付工资。

→法条链接

《劳动法》第五十一条

《关于职工全年月平均工作时间和工资折算问题的通知》第二条

小贴士

以上说的是劳动者在休息日和法定休假日休假的情况。如果用人单位安排劳动者在休息日和法定休息日加班的，要分别支付劳动者200%和300%的工资报酬。

61. 青年节等部分公民放假节日是否支付工资？

《全国年节及纪念日放假办法》明确规定，青年节（5月4日），14周岁以上的青年放假半天。可见，“五四”青年节是法定的休假节日，用人单位应该依法安排青年职工放假半天。根据《劳动法》及有关规定，劳动者在法定休假日，用人单位不得扣发工资。其中，对实行月薪制的职工，用人单位不得从当月工资中扣发法定休假日期间的工资；对实行日薪制的职工，用人单位必须把法定休假日也视作工作日，计算和发放工资；对实行计件工资制的职工，如果劳动合同约定了工资标准的，用人单位应当按照约定的工资标准发放，如果没有在劳动合同中约定工资标准的，用人单位应该按照职工正常情况下实得的平均工资发放。因此，部分公民放假节日应支付工资。

具体来说，在部分公民放假的节日期间，对参加社会或单位组织庆祝活动和照常工作的职工，单位应支付工资报酬，但不支付加班工资。如果该节日恰逢星期六、星期日，单位安排职工加班工作，则应当依法支付休息日的加班工资。

→法条链接

《全国年节及纪念日放假办法》第三条

《关于职工全年月平均工作时间和工资折算问题的通知》第二条

《劳动和社会保障部办公厅关于部分公民放假有关工资问题的函》

小贴士

根据原劳动和社会保障部《关于职工全年月平均工作时间和工资折算问题的通知》，职工的日工资按照月计薪天数21.75天进行折算的，部分公民放假节日是计算在计薪工作日内的。由此也可以得出结论，部分公民放假节日应支付工资。但对于安排劳动者在青年节、妇女节等部分公民放假的节日加班的，是否需要支付加班工资问题存在一些争议。目前关于法定休假日有两种说法，一种认为法定节假日只包括全体公民放假的七个节日，另一种观点认为部分公民放假的节日等也属于法定节假日。根据后一观点，同样属于法定节假日的青年节、妇女节等节日也应适用300%的加班工资标准。但2000年，《劳动和社会保障部办公厅关于部分公民放假有关工资问题的函》指出，在部分公民放假的节日期间，对参加社会或单位组织庆祝活动和照常工作的职工，单位应支付工资报酬，但不支付加班工资。实践中，大部分用人单位对在这些节日照常工作的劳动者，都是不支付加班工资的，劳动争议仲裁机构对部分公民要求支付加班工资的请求一般也不予支持。

四、探亲假怎么休

62. 什么是探亲假？

探亲假是劳动假期中常见的假期类型之一，是指职工享有的保留工作岗位和工资，而与分居两地又不能在公休日团聚的配偶或父母团聚的假期。另外，根据实际情况可以给予路程假。上述假期包括公休假日和法定节假日在内。

职工在探亲往返途中，遇到意外交通事故，例如洪水冲毁道路等，造成交通停顿，以致职工不能按期返回工作岗位的，在持有当地交通机关证明，向所在单位提出申请后，其超假日期可以算作探亲路程假期。

→法条链接

《国务院关于职工探亲待遇的规定》第三条

小贴士

探亲假是职工依法探望与自己不住在一起，又不能在公休假日团聚的配偶或父母的带薪假期。《国务院关于职工探亲待遇的规定》是1981年出台的，是指职工与配偶、父母团聚的时间探亲假。

63. 哪些职工可以享受探亲假？

享受探亲假必须具备以下条件：一是主体条件。必须是国家机关、人民团体和全民所有制企业、事业单位工作满1年的固定职工；二是事由条件。与配偶不住在一起，又不能在公休假日团聚的，可以享受探望配偶的待遇；与父、母都不住在一起，又不能在公休假日团聚的，可以享受探望父母的待遇。“不能在公休假日团聚”是指不能利用公休假日在家居住一夜和休息半个白天。职工与父亲或与母亲一方能够在公休假日团聚的，不能享受本规定探望父母的待遇。

→法条链接

《国务院关于职工探亲待遇的规定》第二条

小贴士

需要指出的是，探亲假不包括探望岳父母、公婆和兄弟姐妹。新婚后与配偶分居两地的夫妻从第二年开始享受探亲假。此外，学徒、见习生、实习生在学习、见习、实习期间不能享受探亲假。

64. 私营企业、外资企业的职工可以享受探亲假吗？

我国早在 1981 年就制定了关于探亲的规定，但此规定只限于国家机关、人民团体和全民所有制企业、事业单位工作的职工；集体所有制企业、事业单位职工的探亲待遇，由各省、自治区、直辖市人民政府根据本地区的实际情况自行规定；对外商投资企业等其他用人单位的职工则没有出台探亲假规定。因此私营企业和外资企业的职工能否享受探亲假要看签订的劳动合同中，或者企业的规章制度中是否有相应的规定。如果有，则可以按规定享受探亲假，反之则无法享受。

→法条链接

《国务院关于职工探亲待遇的规定》第二条

小贴士

新中国的探亲假制度建立于 1958 年。当年 2 月 9 日国务院发布了《关于工人、职员回家探亲的假期和工资待遇的暂行规定》。1981 年 3 月 6 日，第五届全国人民代表大会常务委员会第十七次会议批准了《国务院关于职工探亲待遇的规定》，并予公布施行。当时处于改革开放初期，私营经济刚刚萌芽、交通也不方便。在30多年后的今天，其中的很多规定已经不再适应实际的需要。例如当时对享受探亲假的主体限定为国家机关、人民团体和全民所有制企业、事业单位工作的职工，对私营企业、外资企业职工的探亲假问题没有作出相应规定。这是有其时代背景的。

65. 职工探亲假期有多长？

《国务院关于职工探亲待遇的规定》中关于探亲假期的规定主要有以下几种情况：

（1）职工探望配偶的，每年给予一方探亲假一次，假期为30天。

（2）未婚职工探望父母，原则上每年给假一次，假期为20天。如果因为工作需要，本单位当年不能给予假期，或者职工自愿两年探亲一次的，可以两年给假一次，假期为45天。

（3）已婚职工探望父母的，每四年给假一次，假期为20天。对于私企、外企单位的探亲假期，根据劳动合同或企业规章制度执行。

→法条链接

《国务院关于职工探亲待遇的规定》第三条、第四条

《关于制定〈国务院关于职工探亲待遇的规定〉实施细则的若干问题的意见》第六条

小贴士

探亲假期均包括公休假日和法定节日在内。凡实行休假制度的职工（例如学校的教职工），应该在休假期间探亲；如果休假期较短，可由本单位适当安排，补足其探亲假的天数。如果职工的父母或母亲和职工的配偶同居一地的，职工在探望配偶时，即可同时探望其父母或者母亲，因此，不能再享受探望父母的待遇。

66. 职工探亲期间有哪些待遇？

职工在探亲期间的待遇主要有：

（1）职工在规定的探亲假期和路程假期内，按照本人的标准工资发给工资。

（2）职工探望配偶和未婚职工探望父母的往返路费，由所在单位负担。

（3）已婚职工探望父母的往返路费（包括车船费、市内交通费、住宿费），在本人月标准工资30%以内的，由职工本人自理，超过部分由所在单位负担。

→法条链接

《国务院关于职工探亲待遇的规定》第五条、第六条

《财政部关于职工探亲路费的规定》第三条、第五条

小贴士

《财政部关于职工探亲路费的规定》对职工探亲往返途中享受的待遇作出了详细规范：

（1）职工探亲往返途中，限于交通条件，必须中途转车、转船并在中转地点住宿的，每中转一次，可凭单据报销一天的普通房间床位的住宿费。如中转住宿费超过规定天数的，其超过部分由职工自理。

（2）职工探亲途中，连续乘长途汽车及其他民用交通工具，夜间停驶必须住宿的，其住宿费凭单据报销。

（3）职工探亲途中，遇到意外交通事故（如坍方道路受阻、洪水冲毁桥梁）造成交通暂时停顿，其等待恢复期间的住宿费，可凭当地交通机关证明和住宿费单据报销。

（4）职工探亲期间的伙食费，行李物品寄存费，托运费，以及趁便参观、游览等项开支，均由职工自理，不得报销。

67. 探亲假工资和探亲路费计算基数如何确定？

（1）职工在探亲假和路程假期内，其工资按下列各项之和计发：机关实行职级工资制的人员，为本人职务工资、级别工资、基础工资与工龄工资；机关技术工人，为本人岗位工资、技术等级（职务）工资与按国家规定比例计算的奖金；机关普通工人，为本人岗位工资与按国家规定比例计算的奖金；事业单位职工，为本人职务（技术等级）工资与按国家规定比例计算的津贴（其中，体育运动员为本人体育基础津贴与成绩津贴）。

（2）已婚职工探望父亲的往返路费，按以上确定的工资额为计算基数，在30%以内的，由本人自理，超过部分由所在单位负担。

→法条链接

《财政部关于职工探亲路费的规定》第二条

《人事部、财政部关于国家机关、事业单位职工探亲假工资和探亲路费计算基数问题的通知》第一条、第二条

小贴士

《财政部关于职工探亲路费的规定》第二条对职工探亲往返车船费的开支标准作了具体规定：一是乘火车（包括直快、特快）的，不分职级，一律报硬席座位费。年满50周岁以上并连续乘火车48小时以上的，可报硬席卧铺费。二是乘轮船的，报四等舱位（或比统舱高一级舱位）费。三是乘长途公共汽车及其他民用交通工具的，凭单据按实报销。四是探亲途中的市内交通费，可按起止站的直线公共电车、汽车、轮渡费凭单据报销。但乘坐市内出租机动车辆的开支，应由职工自理，不予报销。五是职工探亲不得报销飞机票。因故乘坐飞机的，可按直线车、船票价报销，多支部分由职工自理。

68. 职工探望岳父母、公婆可以享受探亲假待遇吗？

《国务院关于职工探亲待遇的规定》所称的父母，包括自幼抚养职

工长大，现在由职工供养的亲属，不包括岳父母、公婆。因此，职工探望岳父母、公婆不能享受探亲假待遇。

→法条链接

《关于制定〈国务院关于职工探亲待遇的规定〉实施细则的若干问题的意见》第一条

小贴士

法律意义上的父母与我们日常语言中的父母并不完全一致，而是有其特定的含义。法律上的父母包括生父母、养父母和继父母。生父母是有血缘关系的父母，养父母就是形成收养关系的父母，而继父母是指生父母一方或双方再婚的配偶。岳父母、公婆并不是法律意义上的父母，所以探望岳父母、公婆不能享受探亲假待遇。此外，探亲假也不适用于探望兄弟姐妹。

69. 法律对符合探望配偶条件的职工，因工作需要当年不能探望配偶等特殊情况下的探亲假待遇有何规定？

（1）符合探望配偶条件的职工，因工作需要当年不能探望配偶时，其不实行探亲制度的配偶，可以到职工工作地点探亲，职工所在单位应按规定报销其往返路费。职工本人当年则不应再享受探亲假待遇。

（2）女职工到配偶工作地点生育，在生育休假期间，超过产假假期以后，与配偶团聚30天以上的，不再享受当年探亲假待遇。

（3）军队现役干部爱人未随军的，干部每年休假探亲一次，假期为30天。军队现役干部爱人每年也可以来部队一次，往返车船费如地方不能报销的，可由军队报销。

（4）职工的父亲或母亲和职工的配偶同居一地的，职工在探望配偶时，可同时探望其父亲或者母亲，因此，不能再享受探望父母的待遇。

→法条链接

《关于制定〈国务院关于职工探亲待遇的规定〉实施细则的若干问题的意见》第四条至第六条、第八条

小贴士

为便于各地区制定《国务院关于职工探亲待遇的规定》的实施细则，原国家劳动总局于1981年3月26日就制定《〈国务院关于职工探亲待遇的规定〉实施细则的若干问题》提出了指导意见。其中对职工父母亲和职工配偶同居一地，职工因工作需要当年不能探望配偶，女职工到配偶工作地点生育，军队现役干部爱人未随军等情况下的职工探亲待遇作出具体规定。

70. 台胞职工出境探亲享受什么待遇？

根据国家有关规定，台胞（居住在内地的台湾同胞）和台属（去台人员在内地的亲属）职工符合一定条件的，可以享受出境探亲假，探望对象包括配偶、父母或兄弟姐妹。具体规定包括：

（1）未婚台胞、台属职工出境探望父母，4年以上（含4年）一次的，给假4个月；3年一次的，给假70天；2年一次的，给假45天；1年一次的，给假20天。已婚台胞、台属职工出境探望父母，每4年给假一次，假期为40天。

（2）台胞、台属职工出境探望配偶，4年以上（含4年）一次的，给假半年；不足4年的，按每年给假1个月计算。

（3）父母已经去世的台胞、台属职工，可以探望其在台湾的亲兄弟姐妹。出境探望的，每4年给假一次，假期40天；在境内探望的，每4年给假一次，假期20天。

（4）台胞职工回内地参加工作10年以上，以往没有出境探亲或因私事出境，也没有在内地会见从国外或港澳、台湾回来的配偶和父母的，第一次出境探亲，可给假半年。

（5）出境探亲假期是指与配偶、父母团聚的时间，包括公休假日和法定节日，另外按实际需要给予路程假。台胞、台属职工出境探亲一般不得续假，如确有特殊情况，不能按期返回原单位，本人应向所在单位申请事假。

→法条链接

《关于台胞职工出境探亲待遇的通知》第一条至第四条

《关于台属职工和台胞职工探亲问题的补充通知》第二条

小贴士

台胞、台属职工出境探亲，其境内段（从工作单位至出境口岸）往返路费（包括往返车船费、市内交通费、住宿费），按其他职工在内地探亲同样规定办理。境外路费自理。台胞、台属职工在规定的出境探亲假期内，其工资和副食品价格补贴，与内地职工探亲待遇相同。在境外的医疗费自理。台胞、台属职工按国家规定享受的探亲待遇，可用于在内地会见回来的配偶或父母。会亲的假期和路费，比照其他职工在内地探亲待遇处理。会亲地点批准在外地的，其路费按职工所在地至第一次见面地点的路程计算；陪同会亲对象旅游、访亲等的路费自理。

五、带薪年休假怎么休

71. 什么是带薪年休假？

带薪年休假，是指职工每年享有的保留工作和工资的连续休假。职工休假期间，工资及其他福利待遇与在岗职工相同。《劳动法》第四十五条对带薪年休假作了原则性规定："国家实行带薪年休假制度。劳动者连续工作一年以上的，享受带薪年休假。"但没有规定带薪年休假的休假时间及具体操作办法，而是指定由国务院制定相应的具体办法。

2007 年 12 月 7 日国务院第 198 次常务会议通过了《职工带薪年休假条例》，自 2008 年 1 月 1 日起施行。从此，职工带薪年休假就有了法律保障。2008 年 9 月 18 日，人力资源和社会保障部公布《企业职工带薪年休假条例实施办法》，对带薪年休假作出了更加明确的规定。

→法条链接

《劳动法》第四十五条

《职工带薪年休假条例》第一条

《企业职工带薪年休假条例实施办法》第一条

小贴士

实行职工带薪年休假（简称年休假）制度，是世界各国劳动制度的普遍做法。用带薪年休假来替代过去的"黄金周"是职工休假制度发展的方向。1991 年 6 月，中共中央、国务院曾下发《关于职工休假问题的通知》，对职工的年休假作出规定。随后，1994 年 7 月颁布的《劳动法》和 2005 年 4 月制定的《公务员法》都对职工休假事项作了原则规定。随着我国经济社会的发展，广大职工和社会各界普遍呼吁尽快健全我国的职工年休假制度。2007 年 8 月，国务院法制办等部门起草了《职工带薪年休假条例（草案）》，并全文向社会公布，广泛征求公众意见。当年 12 月，国务院总理温家宝签署国务院令公布了《职工带薪年休假条例》。

72. 哪些职工可以享受带薪年休假？

根据《职工带薪年休假条例》第二条的规定，机关、团体、企业、事业单位、民办非企业单位、有雇工的个体工商户等单位的职工连续工作 1 年以上的，可以享受带薪年休假。也就是说，不仅是机关、事业单位的职工可以享受年休假，企业（包括了私营企业和外资企业）、民办非企业单位（指企业事业单位、社会团体和其他社会力量以及公民个人利用非国有资产举办的，从事非营利性社会服务活动的社会组织）和有雇工的个体工商户等单位的职工也都有权享受年休假。

根据《企业职工带薪年休假条例实施办法》第十四条的规定，劳务派遣单位的职工连续工作满 12 个月以上的，同样享受带薪年休假。被派遣职工在劳动合同期限内无工作期间由劳务派遣单位依法支付劳动报酬的天数多于其全年应当享受的年休假天数的，不享受当年的年休假；少于其全年应当享受的年休假天数的，劳务派遣单位、用工单位应当协商安排补足被派遣职工年休假天数。

→法条链接

《职工带薪年休假条例》第二条

《企业职工带薪年休假条例实施办法》第十四条

小贴士

需要注意，只有与用人单位建立了劳动关系的职工，才能享有带薪年休假。如果是民事关系（如劳务关系、承揽关系等），则不享有带薪年休假。例如，退休返聘的职工与单位建立的关系，一般不作为劳动关系处理，而是作为民事雇用关系。因此，退休返聘的劳动者无法享受带薪年休假。对于非全日制用工的劳动者是否可以享受带薪年休假问题，法律没有明确的规定。有的地方如浙江，明确规定，非全日制劳动者不可以享受带薪年休假待遇。

73. 只有在本单位连续工作 12 个月以上，才能享受带薪年休假吗?

根据《企业职工带薪年休假条例实施办法》第三条规定，职工连续工作满 12 个月以上的，享受带薪年休假。这里的 12 个月，既包括职工在同一用人单位连续工作满 12 个月以上的情形，也包括职工在不同用人单位连续工作满 12 个月以上的情形。因此，认为只有在本单位连续工作 12 个月以上才能享受带薪年休假的看法是错误的。

→法条链接

《企业职工带薪年休假条例实施办法》第三条

《关于〈企业职工带薪年休假实施办法〉有关问题的复函》第一条

小贴士

法律规定的“职工连续工作满 12 个月以上”，是对职工享有带薪年休假资格的认定。也就是说，只要职工曾经有过连续工作满 12 个月的情形，就有资格享受带薪年休假，与是否在同一企业无关。同时，法律对职工享受带薪年休假所设置的“条件”是一次性的。对于那些自原企业离职后，经过一段时间休息至新企业工作的职工，只要该职工参加工作后曾经连续工作满 12 个月以上，就具备享受带薪年休假的“权利能力”，而并非像有些企业所理解的，职工若要享受带薪年休假，必须在该企业连续工作 12 个月以上。

74. 职工带薪年休假可以休假多少天?

根据《职工带薪年休假条例》第三条的规定，职工累计工作已满 1

年不满10年的，年休假5天；已满10年不满20年的，年休假10天；已满20年的，年休假15天。国家法定休假日、休息日不计入年休假的假期。

→法条链接

《职工带薪年休假条例》第三条

《企业职工带薪年休假条例实施办法》第十三条

小贴士

以上标准只是法律做出的底线性规定，法律允许当事人约定高于法定标准的带薪年休假待遇。根据《企业职工带薪年休假实施办法》第十三条的规定，劳动合同、集体合同约定的或者用人单位规章制度规定的年休假天数、未休年休假工资报酬高于法定标准的，用人单位应当按照有关约定或者规定执行。用人单位不履行约定标准的，属于违反合同的行为，应当承担违约责任。

75. 职工年休假的天数是怎样确定的？

根据《企业职工带薪年休假实施办法》第四条的规定，职工带薪年休假的天数根据职工累计工作时间确定。职工在同一或者不同用人单位工作期间，以及依照法律、行政法规或者国务院规定视同工作期间，应当计为累计工作时间。其中“累计工作时间”，包括职工在机关、团体、企业、事业单位、民办非企业单位、有雇工的个体工商户等单位从事全日制工作期间，以及依法服兵役和其他按照国家法律、行政法规和国务院规定可以计算为工龄的期间（视同工作期间）。

→法条链接

《企业职工带薪年休假条例实施办法》第四条

《关于〈企业职工带薪年休假实施办法〉有关问题的复函》第二条

小贴士

根据以上规定，职工的累计工作时间并不限于本单位。在根据职工累计工作时间确定年休假天数时，不能只计算在本单位的工作时间，而是包括此前在其他单位的工作时间以及依法服兵役等可视同工作期间的时间。职工的累计工作时间可以根据档案记载、单位缴纳社保费记录、劳动合同或者其他具有法律效力的证明材料确定。

76. 当年新进职工的年休假天数应该如何计算?

根据《企业职工带薪年休假实施办法》第五条的规定，职工新进用人单位且符合本办法第三条规定的，当年度年休假天数，按照在本单位剩余日历天数折算确定，折算后不足 1 整天的部分不享受年休假。所谓“符合本办法第三条规定的”，就是指连续工作满 12 个月以上。具体折算方法为：（当年度在本单位剩余日历天数 ÷365 天） ×职工本人全年应当享受的年休假天数。

→法条链接

《企业职工带薪年休假条例实施办法》第五条

小贴士

例如，某职工已经连续工作 12 年，2014 年 5 月 19 日进入新单位工作。其当年可享受的年休假天数为［（365 天 −139 天） ÷365 天］ ×10 天 =6.2 天。其中不足一天的部分 0.2 天，按规定不享受年休假。最终，该职工 2014 年实际可享受的年休假为 6 天。

77. 用人单位能否因职工享受了探亲假、婚丧假等而剥夺职工的带薪年休假?

根据《职工带薪年休假条例》第三条的规定，国家法定休假日、休息日不计入年休假的假期。《企业职工带薪年休假条例实施办法》第六条又规定，职工依法享受的探亲假、婚丧假、产假等国家规定的假期以及因工伤停工留薪期间不计入年休假假期。因此，用人单位不能因职工依法享受法定休假日、休息日，探亲假、婚丧假、产假等国家规定的假期，以及因工伤停工留薪期等，而剥夺职工的带薪年休假。

→法条链接

《职工带薪年休假条例》第三条

《企业职工带薪年休假条例实施办法》第六条

小贴士

以上由法律明确规定的几项假期，需要排除于年休假之外。职工根据法律、法规规定享受这些法定假期，不等同于休年休假，用人单位不能以此充抵年休假。

78. 职工享受的哪些假期可以充抵带薪年休假?

根据《职工带薪年休假条例》第四条的规定，职工有下列情形之一的，不享受当年的年休假：

（1）职工依法享受寒暑假，其休假天数多于年休假天数的。

（2）职工请事假累计20天以上且单位按照规定不扣工资的。

（3）累计工作满1年不满10年的职工，请病假累计2个月以上的。

（4）累计工作满10年不满20年的职工，请病假累计3个月以上的。

（5）累计工作满20年以上的职工，请病假累计4个月以上的。

《企业职工带薪年休假条例实施办法》规定，职工确因工作需要，享受的寒暑假天数少于其年休假天数的，用人单位应当安排补足年休假天数。职工已享受当年的年休假，年度内又出现《职工带薪年休假条例》第四条第（2）、（3）、（4）、（5）项规定情形之一的，不享受下一年度的年休假。

→法条链接

《职工带薪年休假条例》第四条

《企业职工带薪年休假条例实施办法》第七条、第八条

小贴士

虽然病假、事假、寒暑假可以代替年休假的享有，但它们和年休假之间并不是一天顶替一天的关系，尤其是病假、事假代替年休假有明确的条件限制。而且根据法律规定可知，如果职工依法享受的寒暑假天数少于年休假的，职工请事假而用人单位扣发工资的、职工请病假累计时间没有达到相应标准的，用人单位仍然应当安排职工享受当年度的年休假。

79. 年休假应该怎么休？

根据《职工带薪年休假条例》第五条和《企业职工带薪年休假条例实施办法》第九条的规定，职工休年休假需要注意以下几点：

（1）单位有权根据生产、工作的具体情况，并考虑职工本人意愿，统筹安排职工年休假。

（2）年休假在1个年度内可以集中安排，也可以分段安排，一般不跨年度安排。单位因生产、工作特点确有必要跨年度安排职工年休假的，可以跨1个年度安排。

（3）用人单位确因工作需要不能安排职工年休假或者跨1个年度安排年休假的，应征得职工本人同意。而且，即使经职工同意，用人单位跨年度安排年休假的，最多也只能跨1个年度。

（4）根据《实施办法》第十八条的规定，以上所称的“年度”是指公历年度。因此，年休假的安排应该按照公历也即自然年来计算（1月1日至12月31日）。

（5）最重要的一点，职工在年休假期间享受与正常工作期间相同的工资收入。

→法条链接

《职工带薪年休假条例》第五条

《企业职工带薪年休假条例实施办法》第九条、第十一条、第十八条

小贴士

根据法律规定，只要符合一般不得跨年度安排年休假等限制条件，用人单位有权统筹安排职工的带薪年休假。也就是说，对于职工在某个具体时间段进行休假的要求，用人单位可以同意也可以不同意而安排本年度的其他时间。实践中，有企业规定请事假时如有年休假，则必须先使用年休假。对此，只要企业的做法不违反法律规定，劳动者应该遵守。

80. 用人单位未安排年休假，应如何支付职工工资？

《职工带薪年休假条例》第五条规定，对职工应休未休的年休假天数，用人单位应当按照该职工日工资收入的300%支付年休假工资报酬。《企业职工带薪年休假条例实施办法》第十条规定，用人单位经职工同意不安排年休假或者安排职工年休假天数少于应休年休假天数，应当在本年度内对职工应休未休年休假天数，按照其日工资收入的300%支付未休年休假工资报酬，其中包含用人单位支付职工正常工作期间的工资收入。也就是说，用人单位不安排职工休假，或者休假天数不足的，除了向职工支付剩余休假天数的正常工资外，还要额外支付该职工日工资收入2倍的年休假工资报酬。

→法条链接

《职工带薪年休假条例》第五条

《企业职工带薪年休假条例实施办法》第十条

小贴士

例如，某职工累计工作8年，按规定可以享受5天年休假。2014年，其所在单位因生产需要，经与其协商一致后，当年未安排其休假。对此，用人单位需要向其支付相当于日工资收入300%的年休假工资报酬。假设其日工资为200元，用人单位总共应向其支付：200元/天×3倍×5天=3000元，其中包括了这5天的正常工资1000元。

81. 什么情况下，用人单位不安排职工年休假可以不需进行工资补偿？

《企业职工带薪年休假条例实施办法》第十条规定，用人单位安排职工休年休假，但是职工因本人原因且书面提出不休年休假的，用人单位可以只支付其正常工作期间的工资收入。可见用人单位不安排职工休年休假且不支付工资补偿的条件有两个：一是职工出于本人原因而不休年休假；二是必须经职工书面提出。两个条件缺一不可。

→法条链接

《企业职工带薪年休假条例实施办法》第十条

小贴士

如果职工非因本人原因，而是由于用人单位生产或工作原因而放弃年休假的，用人单位仍然应当按照职工日工资300%的标准，向其支付应休未休的年休假天数的工资。

82. 如何计算年休假工资补偿？

根据《企业职工带薪年休假条例实施办法》第十一条的规定，在计算未休年休假工资报酬的日工资收入时，应按照职工本人的月工资除以月计薪天数（21.75天）进行折算。职工本人的月工资是指职工在用人单位支付其未休年休假工资报酬前12个月剔除加班工资后的月平均工资。如果职工在该用人单位工作时间不满 12 个月的，按实际月份计算月平均工资。

→法条链接

《企业职工带薪年休假条例实施办法》第十一条

小贴士

实行计件工资、提成工资或者其他绩效工资制的职工，日工资收入的计发办法也按同样的规定执行。

83. 职工中途离职未休满年休假的，用人单位是否需要补偿？

根据《企业职工带薪年休假条例实施办法》第十二条规定，用人单位与职工解除或者终止劳动合同时，当年度未安排职工休满应休年休假的，应当按照职工当年已工作时间折算应休未休年休假天数并支付未休年休假工资报酬，但折算后不足 1 整天的部分不支付未休年休假工资报酬。职工在该单位应休未休年休假天数的折算方法为：（当年度在本单位已过日历天数 ÷365 天）×职工本人全年应当享受的年休假天数－当年度已安排年休假天数。例如，小李 2009 年在大学毕业后进入现单位工作，2014 年 5 月 20 日与单位解除劳动合同，当年未休年休假。由于其累计工作时间不满 10 年，因此其全年应当享受的年休假天数为 5 天。当年应休未休年休假天数 =（140 天 ÷365 天）×5 天 －0 天 =1.92 天。折算后不足 1 整天的部分 0.92 天不支付未休年休假工资报酬。最终，用人单位在其离职时应向其支付 1 天的年休假工资报酬。

→法条链接

《企业职工带薪年休假条例实施办法》第五条

小贴士

带薪年休假是职工在工作期间所应享受的一项法定权利。如果职工在职期间单位未安排年休假，也未主动放弃年休假权利的，用人单位应在其离职时依法予以补偿，这一义务不因职工主动离职等原因而免除。实践中，有单位主张职工因违纪等情况被解除劳动合同的，不应向职工支付工资补偿。这种观点是错误的，法律并未对用人单位和劳动者解除或终止劳动合同作出限定。无论职工是因违纪被解除劳动合同，还是职工主动提出辞职，其带薪年休假待遇都应当得到保障。此外，如果职工在离职前未主动提出休年休假的，用人单位是否可以因此而免除进行工资补偿的责任？答案也是否定的。根据法律规定，统筹安排年休假是用人单位的义务，用人单位不能因职工未主动提出休假而免除工资补偿的责任。

84. 用人单位不安排职工休年休假，又不依照法律规定给予年休假工资报酬的，应当承担什么样的法律责任？

根据《职工带薪年休假条例》第七条的规定，单位不安排职工休年休假又不依照本条例规定给予年休假工资报酬的，由县级以上地方人民政府人事部门或者劳动保障部门依据职权责令限期改正；对逾期不改正的，除责令该单位支付年休假工资报酬外，单位还应当按照年休假工资报酬的数额向职工加付赔偿金；对拒不支付年休假工资报酬、赔偿金的，属于公务员和参照公务员法管理的人员所在单位的，对直接负责的主管人员以及其他直接责任人员依法给予处分；属于其他单位的，由劳动保障部门、人事部门或者职工申请人民法院强制执行。

→法条链接

《职工带薪年休假条例》第七条

《企业职工带薪年休假条例实施办法》第十五条

小贴士

用人单位不安排职工休年休假又不依照规定向职工支付3倍工资补偿的，职工可以向当地劳动监察部门投诉。由劳动保障部门责令用人单位进行改正，或者安排职工休年休假，或者按照职工日工资的3倍支付工资补偿。职工与用人单位因年休假发生劳动争议的，也可以向劳动仲裁机构提起仲裁申请，要求用人单位履行相应的法律义务。

六、女职工有哪些特殊假期

85. 女职工依法可享受哪些特殊假期？

女职工在月经期、孕期、产期、哺乳期，受到法律的特殊保护，享有相应的假期。其中，女职工在月经期间，机体活动能力发生一定的变化，生理波动也较大，使她们的作业能力有所下降。女职工在孕期、产期和哺乳期（简称女职工“三期”），担负着为人类生产繁衍的重大使命，因其自身条件所限，无法进行正常的工作。因此法律对处于月经期、孕期、产期、哺乳期“四期”的女职工妇女予以特殊保护。用人单位不得因女职工怀孕、生育、哺乳降低其工资、予以辞退、与其解除劳动或者聘用合同。

→法条链接

《劳动法》第二十九条、第五十八至六十三条

《女职工劳动保护特别规定》第五条

小贴士

孕期就是怀孕周数，医学上的孕期是指从末次月经的第一天开始，到分娩结束，通常为40周。产期就是分娩的日期。末次月经日期的月份加9或减3，为预产期月份数；天数加7，为预产期日。哺乳期是指产后产妇用自己的乳汁喂养婴儿的时期，就是开始哺乳到停止哺乳的这段时间，一般长约10个月至1年左右。

86. 法律对女职工在孕期的工作时间有何规定？

女职工在孕期不能适应原劳动的，用人单位应当根据医疗机构的证

明，予以减轻劳动量或者安排其他能够适应的劳动。对怀孕7个月以上的女职工，用人单位不得延长劳动时间或者安排夜班劳动，并应当在劳动时间内安排一定的休息时间。怀孕女职工在劳动时间内进行产前检查，所需时间计入劳动时间。

→法条链接

《劳动法》第六十一条

《女职工劳动保护特别规定》第六条

小贴士

为了保护孕妇和胎儿的安全，怀孕女职工应按卫生部门的要求定期进行产前检查。根据《女职工劳动保护特别规定》第六条的规定，怀孕女职工在劳动时间内进行产前检查，所需时间计入劳动时间，不能按病假、事假或者旷工处理。

87. 女职工怀孕后，为了保胎可以请保胎假吗？

保胎假是指符合计划生育规定的怀孕女职工，经医师诊断出具证明，进行保胎休息的时间。根据有关规定，女职工按计划生育怀孕，经过医师开具证明，需要保胎休息的，其保胎休息的时间，按照本单位实行的疾病待遇的规定办理。6个月以内的按规定领取病假工资；超过6个月的，按规定领取疾病救济费至生育之日。从生育之日起停发疾病救济费，改发产假工资，并同时享受其他生育待遇。产假期满后仍需病休的，从产假期满之日起，继续发给疾病救济费。保胎休息的女职工，产假期满后仍需病休的，其病假时间应与生育前的病假和保胎休息的时间合并计算。

→法条链接

《关于女职工保胎休息和病假超过六个月后生育时的待遇问题给上海市劳动局的复函》第一条至第三条

小贴士

实践中虽然有保胎假的说法，但在法律中却没有关于保胎假的明文规定。法律规定的假期制度中也不包括保胎假，只是在原国家劳动总局保险福利司于1982年发布的《关于女职工保胎休息和病假超过六个月后生育时的待遇问题给上海市劳动局的复函》中，对女职工为保胎而请假的问题作了规定。据此，女职工保胎休息期间按病假处理。

88. 什么是产假，女职工产假是多少天?

产假，是指在职妇女产期前后的休假待遇，一般从分娩前半个月至产后两个半月，晚婚晚育者可前后长至4个月。按照《劳动法》第六十二条的规定，女职工生育享受不少于90天的产假。2012年修订的《女职工劳动保护特别规定》第七条规定，女职工生育享受98天产假，其中产前可以休假15天；难产的，增加产假15天；生育多胞胎的，每多生育1个婴儿，增加产假15天。女职工怀孕未满4个月流产的，享受15天产假；怀孕满4个月流产的，享受42天产假。

产假是国家为保证产妇恢复身体健康而规定的假期，休产假不能过度提前或推后。

→法条链接

《劳动法》第六十二条

《女职工劳动保护特别规定》第七条

小贴士

产假期间，工资按照原工资100%发放。用人单位不得因女职工生育、哺乳而降低其工资、予以辞退、与其解除劳动或者聘用合同。女职工产假期间的生育津贴，对已经参加生育保险的，按照用人单位上年度职工月平均工资的标准由生育保险基金支付；对未参加生育保险的，按照女职工产假前工资的标准由用人单位支付。女职工生育或者流产的医疗费用，按照生育保险规定的项目和标准，对已经参加生育保险的，由生育保险基金支付；对未参加生育保险的，由用人单位支付。

89. 什么是产前假，产前假工资如何发放？

在实践中，还经常出现产前假的说法。在国家层面的法律文件中，并没有产前假的具体规定，与之相关的规定有两点：一是《女职工劳动保护特别规定》第六条规定，对怀孕 7 个月以上的女职工，用人单位不得延长劳动时间或者安排夜班劳动，并应当在劳动时间内安排一定的休息时间。二是第七条规定，女职工生育享受 98 天产假，其中产前可以休假 15 天。一些地方立法对产前假作了具体规定。例如《上海市女职工劳动保护办法》第十二条规定，女职工妊娠 7 个月以上（按 28 周计算），应给予每天工间休息 1 小时，不得安排夜班劳动。如工作许可，经本人申请，单位批准，可请产前假两个半月。《江苏省女职工劳动保护办法》第九条规定，怀孕 7 个月以上（含 7 个月）的女职工，一般不得安排其从事夜班劳动。在劳动时间内应给予工间休息 1 小时，并扣除相应的劳动定额。上班确有困难者，经本人申请，单位批准，可休产前假 60 天。休假期间，其工资不得低于 80%。其他如海南、山东、福建等地也都有产前假的规定。

→法条链接

《女职工劳动保护特别规定》第六条、第七条

小贴士

各地规定的产前假与《劳动法》及《女职工劳动保护特别规定》关于产前可以休假 15 天的规定是不同。后者规定的 15 天是包括在 98 天的产假之中的，而各地规定的产前假是额外的假期。而且，对于产前假的工资，多数地方都规定不得低于原工资的 80%；而产假期间的工资应当按原工资 100% 发放。此外需要注意，并非每个地方都有产前假的规定。而且对产前假作出规定的地方，一般都要求女职工怀孕 7 个月以上，申请后经单位批准，才可享受。

90. 奖励产假是怎么回事?

奖励产假是各地对于符合国家计划生育政策并且晚育的女职工给予的一种延长产假期限的奖励待遇。目前，全国31个省、自治区、直辖市都对晚育职工的奖励产假作出了规定。除辽宁省规定已婚妇女满23周岁后怀孕生育第一个子女的为晚育外，其他30个省、自治区、直辖市的计划生育条例都规定，已婚妇女晚婚后生育或者24周岁以上生育第一个子女的为晚育。晚育的女职工，除享受国家规定的产假外，增加奖励产假，工资照发，不影响晋升。

增加产假的情形分为以下两种:

（1）单纯因晚育而增加产假。地方上奖励产假天数最多的是河南，为3个月，其次是河北，为45天，再次是安徽、北京、贵州、湖北、湖南、吉林、江苏、江西、内蒙古、青海、山西、四川、上海、天津、新疆15个地区，为30天；然后是重庆，为20个工作日；其他还有甘肃、广东、海南、陕西，奖励15天；最后是广西、宁夏，奖励14天。

（2）晚育女职工（在产假期间）申请领取独生子女父母光荣证再增加的产假。奖励天数最多的是贵州、黑龙江，90天；其次是福建，奖励37天至82天，辽宁、山东奖励60天，再次是安徽、湖南、陕西、云南，30天；随后是广西奖励20天，云南奖励15天。此外，西藏规定，实行晚育并在孩子出生五个月内申请办理《独生子女证》的，允许享受产假一年（从休息之日计算，临近休假者一并计算，不另批假期）。吉林规定，持有《独生子女父母光荣证》的晚育女职工，经本人申请，单位同意，可延长产假至一年。

→法条链接

《人口与计划生育法》第二十五条

各省、自治区、直辖市以及中国人民解放军颁布的人口与计划生育条例

小贴士

除各地对奖励产假作出了规定之外，中央军委于2003年4月8日

颁布的《中国人民解放军计划生育条例》中，也有关于奖励产假的规定。该《条例》第三十条规定，女军人、女职工符合晚育规定，自愿终生只生育一个子女的，除按照规定享受3个月产假外，增加产假90天。奖励产假是国家对独生子女父母的优惠政策，其费用不应由生育保险基金承担。生育保险基金支付生育津贴的期限限于国家规定的产假期限。例如《北京市人口与计划生育条例》规定，已婚妇女年满24周岁后初育为晚育。机关、企业事业单位晚育的女职工除享受国家规定的产假外，增加奖励假30天；不休奖励假的，给予女方1个月工资的奖励，奖励费由夫妻双方所在单位各负担50%。

91. 什么是护理假？

根据一些地方的规定，女职工生育期间，其配偶也可以休护理假。关于护理假，国家层面的立法并没有具体规定。多数省份的《人口与计划生育条例》对护理假作了规定，具体时间不一。例如《河南省人口与计划生育条例》第三十三条规定，国家机关、社会团体、企业事业单位职工，实行晚育的，给予其配偶护理假1个月；护理假期间视为出勤。《陕西省人口与计划生育条例》第四十六条规定，职工实行晚育的，在法定产假的基础上增加产假15天，同时给予男方护理假10天；《上海市人口与计划生育条例》第三十三条规定，符合本条例规定生育的晚育妇女，其配偶享受晚育护理假3天。

→法条链接

《人口与计划生育法》第二十五条

《河南省人口与计划生育条例》第三十三条

《陕西省人口与计划生育条例》第四十六条

《上海市人口与计划生育条例》第三十三条

其他省、自治区、直辖市以及中国人民解放军颁布的人口与计划生育条例

小贴士

女职工配偶享受护理假的前提是女职工符合晚育的条件。护理假的天数各地规定不一，有长有短，具体需要参照各地规定。护理假期间，男职工的工资福利待遇照发。

92. 法律对处于哺乳期的女职工有何保护规定？

哺乳期是指产后产妇用自己的乳汁喂养婴儿的时期，就是开始哺乳到停止哺乳的这段时间，一般长约 10 个月至 1 年左右。法律规定，对哺乳未满 1 周岁婴儿的女职工，用人单位不得延长劳动时间或者安排夜班劳动。用人单位应当在每天的劳动时间内为哺乳期女职工安排 1 小时哺乳时间；女职工生育多胞胎的，每多哺乳 1 个婴儿，每天增加 1 小时哺乳时间。女职工比较多的用人单位还应当根据女职工的需要，建立女职工卫生室、孕妇休息室、哺乳室等设施，妥善解决女职工在生理卫生、哺乳方面的困难。用人单位不得因女职工哺乳而降低其工资、予以辞退、与其解除劳动或者聘用合同。一些地方，例如江苏、上海、浙江等地，还对处于哺乳期的女职工规定了专门的哺乳假。休哺乳假的条件一般是产假期满后，抚育婴儿有困难的，经本人申请、单位批准，可以请哺乳假；哺乳假的时间一般是 6 个月；哺乳假期间的工资按照原工资收入的 80% 计发。

→法条链接

《女职工劳动保护特别规定》第五条、第九条、第十条

小贴士

需要注意，哺乳期和哺乳假这两个概念，既密切相关，又有所不同。哺乳期是女职工哺育子女一段时间，在法律上规定为哺乳未满 1 周岁婴儿的期间。在哺乳期的假期分为两种，一是国家法律规定的，在每天劳动时间内 1 小时的哺乳时间。二是地方法规规定的专门的哺乳假。对于前者，处于哺乳期的女职工，仍然需要到单位上班，不过每天在劳

动时间内有1个小时的哺乳时间。实践中，通常采用晚上班1小时或者早下班1小时的办法。哺乳时间仍然算作劳动时间，企业不得减发女职工工资。后者则是女职工根据地方条件规定，请假在家休息，不到单位上班，哺乳假期间工资按照原工资80%计发。

93. 除休息休假外，女职工在月经期、孕期、产期、哺乳期“四期”内还享有哪些特殊权利？

女职工在月经期、孕期、产期、哺乳期“四期”内，除享受前述休息休假待遇外，我国立法还对处于“四期”内女职工的权益提供了如下特殊保护：

（1）享有不从事某些工作的权利。《劳动法》以及《女职工劳动保护特别规定》专门规定了女职工“四期”内禁忌从事的劳动范围（具体参见《女职工劳动保护特别规定》附录）。

（2）享有不被非过错性解雇的权利。法律规定，用人单位不得因女职工怀孕、生育、哺乳予以辞退、与其解除劳动或者聘用合同。但是需要注意的是，如果“三期”内女职工存在《劳动法》第二十五条和《劳动合同法》第三十九条情形的，用人单位仍然享有劳动合同解除权。

（3）享有不被降低工资待遇的权利。法律规定，用人单位不得因女职工怀孕、生育、哺乳降低其工资。

（4）享有延续劳动合同期限至“三期”期满的权利。一般而言，劳动合同期满后，如果双方不能就再次订立合同达成一致，劳动合同即行终止。但是根据《劳动合同法》第四十五条的规定，如果女职工正处于怀孕、生育、哺乳“三期”之内，为了保护其特殊权益，劳动合同到期时必须延续到“三期”届满为止。

（5）享有工作上得到相应关照的权利。法律规定，女职工在孕期不能适应原劳动的，用人单位应当根据医疗机构的证明，予以减轻劳动量或者安排其他能够适应的劳动。女职工比较多的用人单位应当根据女职工的需要，建立女职工卫生室、孕妇休息室、哺乳室等设施，妥善解决女职工在生理卫生、哺乳方面的困难。

→法条链接

《劳动法》第二十五条、第五十八条至第六十三条

《劳动合同法》第三十九条至第四十二条

《女职工劳动保护特别规定》第四条至第六条、第十条、附录

小贴士

目前，涉及“四期”内女职工保护的法律法规主要有《妇女权益保护法》、《劳动法》、《劳动合同法》、《女职工劳动保护特别规定》等。这些法律对“四期”内女职工劳动工作内容，劳动合同变更、解除与终止以及休息休假权等方面的权益给予了明确的特殊保护。需要注意，虽然根据《劳动合同法》第四十二条的规定，女职工在孕期、产期、哺乳期的，用人单位不得依照该法第四十条、第四十一条的规定解除劳动合同，但并未禁止用人单位依据该法第三十九条，解除与女职工的劳动合同。也即，女职工如果存在试用期间被证明不符合录用条件的；严重违反用人单位的规章制度的；严重失职，营私舞弊，给用人单位造成重大损害的；劳动者同时与其他用人单位建立劳动关系，对完成本单位的工作任务造成严重影响，或者经用人单位提出，拒不改正的；以欺诈、胁迫的手段或者乘人之危，使用人单位在违背真实意思的情况下订立或者变更劳动合同，致使劳动合同无效的；被依法追究刑事责任的。发生这六种情形之一的，用人单位可以解除劳动合同。

94. 什么是计划生育假，与产假有什么区别？接受节育手术能否休假？

计划生育假主要是指计划生育手术者享受的假期待遇（各地休息天数略有不同）。计划生育手术是育龄公民遵守国家计划生育政策和法规而采取的一项节育措施，不同于一般患病或负伤治疗。职工因接受计划生育手术而请假，不是休病假，而是休节育假（或称计划生育手术

假）；职工由于计划生育手术引起并发症而请假，也不是休病假。计划生育假期由地方立法规定，国家并无统一规定。目前，各省、自治区、直辖市颁布的计划生育条例中，都对有关计划生育假问题作了规定。例如《辽宁省人口与计划生育条例》第三十一条规定："施行计划生育手术的职工，享受下列休假待遇：（一）放置宫内节育器的，休假 3 日，7 日内不安排重体力劳动，产假期间放置的，产假顺延；（二）放置皮下埋植避孕剂的，休假 5 日，产假期间放置的，产假顺延；（三）取出宫内节育器的，休假 2 日，取出皮下埋植避孕剂的，休假 5 日；（四）施行输卵管结扎术的，休假 21 日，产假期间结扎的，产假顺延；（五）施行输精管结扎术的，休假 10 日；（六）施行人工流产术的，休假 14 日，施行中期妊娠引产术的，休假 30 日；（七）经批准施行输卵管复通术的，休假 21 日，施行输精管复通术的，休假 15 日。"职工接受绝育手术确需其配偶护理的，还可以给其配偶一定期限的护理假。关于计划生育假期间的工资待遇，各地一般都规定休假期间工资照发，福利待遇不变。

→法条链接

《辽宁省人口与计划生育条例》第三十一条

其他省、自治区、直辖市的人口与计划生育条例

小贴士

计划生育假与产假是两种不同的假期。其中，产假一般是指女方生孩子及哺乳期间所享有的带薪假期，计划生育假是指男女方实行计划生育手术期间所享有的带薪假期，如结扎、放环手术后等。前者由《劳动法》、《女职工劳动保护特别规定》等国家法律法规的明确规定，后者由各地计划生育条例进行规定。不过两者共同的一点是，都属于带薪假期，休假期间工资照发。

七、婚丧假怎么请

95. 什么是婚假，职工休婚假可以享受哪些待遇？

婚假是指劳动者本人结婚依法享受的假期。根据原国家劳动总局、财政部《关于国营企业职工请婚丧假和路程假问题的规定》：

（1）职工本人结婚时，可以根据具体情况，由本单位行政领导批准，酌情给予1至3天的婚假。

（2）职工结婚时双方不在一地工作的，一方需要去对方所在地点结婚，企业还应该根据实际需要，另外给予职工路程假。

（3）在批准的婚假和路程假期间，职工的工资照发。途中的车船费等，全部由职工自理。需要注意，婚假是全额带薪假期，职工休婚假不影响享受带薪年休假。

→法条链接

《关于国营企业职工请婚丧假和路程假问题的通知》第一条至第三条

小贴士

职工享受婚假的条件是职工达到法定结婚年龄后结婚。我国《婚姻法》规定的法定结婚年龄为男子满22周岁、女子满20周岁。除原国家劳动总局、财政部发布的《关于国营企业职工请婚丧假和路程假问题的规定》外，各省、自治区、直辖市的人口与计划生育条例也有婚假的规定，一般规定婚假假期为3天。

96. 奖励婚假是怎么回事？

根据各省、自治区、直辖市颁布的计划生育条例规定，包括国有企业在内的任何企业的职工结婚，如果属于晚婚的，可以享受奖励婚假。各地奖励婚假的期限并不一样，如《北京市计划生育条例》规定，机关、企业事业单位职工晚婚的（女年满23周岁、男年满25周岁以上初婚为晚婚），除享受国家规定的婚假外，增加奖励假7天。即在北京晚婚总共可休10天婚假（其中3天婚假，7天晚婚奖励假）。其他如上海、天津、辽宁、西藏的婚假也是3天婚假+7天晚婚奖励假=10天；广东、贵州、江苏、海南为婚假3天+晚婚假10天=13天；吉林、浙江、广西、湖南、海南为婚假3天+晚婚假12天=15天；重庆为婚假5天+晚婚假12天=15天；山东为婚假3天+晚婚假14天=17天；河北、黑龙江、内蒙古、宁夏、青海、湖北、江西、云南为婚假3天+晚婚假15天=18天；陕西、四川、安徽、新疆为婚假3天+晚婚假20天=23天；甘肃规定晚婚的婚假为30天，山西规定晚婚的婚假为1个月。

→法条链接

各省、自治区、直辖市颁布的人口与计划生育条例

小贴士

按照1982年《中共中央关于进一步做好计划生育工作的指示》的规定，按法定结婚年龄推迟3年以上结婚为晚婚。我国《婚姻法》规定的法定结婚年龄为，男子满22周岁、女子满20周岁。因此，男子年满25周岁或者女子年满23周岁结婚的，就属于晚婚。

97. 职工再婚的是否可以休婚假？

职工再婚的，只要是合法的婚姻，同样享有国家法律的保护。根据原劳动和社会保障部办公厅《关于对再婚职工婚假问题的复函》，再婚者与初婚者的法律地位相同，用人单位对再婚职工应当参照国家有关规

定，给予同初婚职工一样的婚假待遇。因此，职工再婚的是可以休婚假的。

→法条链接

《关于对再婚职工婚假问题的复函》

小贴士

需要注意的是，职工再婚的可享受法定婚假（3 天），但不能享受晚婚婚假，即使职工再婚年龄达到了晚婚的标准。因为只有在同时符合女年满 23 周岁、男年满 25 周岁和“双方均为初婚”这两个条件的情况下，才可以认定为《婚姻法》规定的“晚婚”。

98. 法律对丧假是怎样规定的？

根据原国家劳动总局、财政部《关于国营企业职工请婚丧假和路程假问题的规定》：

（1）职工的直系亲属（父母、配偶和子女）死亡时，可以根据具体情况，由本单位行政领导批准，酌情给予 1—3 天的丧假。

（2）职工在外地的直系亲属死亡时需要职工本人去外地料理丧事的，可以根据路程远近，另外给予路程假。

（3）在批准的丧假和路程假期间，职工的工资照发。途中的车船费等，全部由职工自理。

→法条链接

《关于国营企业职工请婚丧假和路程假问题的通知》第一条至第三条

小贴士

以上规定的适用范围局限于国营企业的职工，国家还没有对非国营企业职工休婚丧假作出具体规定。即使是对国营企业职工休丧假的规定也并不完善，一些省、自治区、直辖市还对职工休丧假作了更加详细的规定。

99. 岳父母和公婆去世的，职工可以休丧假吗？

根据现有的规定，只有职工的直系亲属（父母、配偶和子女）死亡时，才可以根据具体情况，由本单位行政领导批准，酌情给予1—3天的丧假。由于岳父母和公婆不属于职工的直系亲属，所以职工无法根据这一规定休丧假。

→法条链接

《关于国营企业职工请婚丧假和路程假问题的通知》第一条

小贴士

需要注意的是，一些地方规定职工岳父母和公婆去世的也可以休丧假。例如，上海市《关于职工的岳父母或公婆等亲属死亡后可给予请丧假问题的通知》（沪劳资发〔1987〕130号）、江苏省《关于职工的岳父母或公婆死亡后可给予请丧假问题的通知》（苏劳险〔1987〕25号）以及浙江省《关于职工的岳父母或公婆死亡后请丧假问题的通知》（浙劳人险〔1987〕257号）都规定，职工的岳父母或公婆死亡后，需要职工料理丧事的，经本单位行政领导批准，可给予1—3天的丧假。

八、事假、病假与工伤假怎么请

100. 什么是事假，国家对请事假有无统一规定?

事假是职工因私事或其他个人原因请的假。目前，国家对于职工请事假及事假期工资待遇问题并没有统一规定，而是由用人单位根据具体情况自行制定规章制度。企业依法制定的规章制度，只要没有违反国家法律、法规，就具有约束力。有的企业规定，职工请事假期间，不计发工资；有的规定，职工请事假超过一定期限的，扣发一定数额的奖金。

→法条链接

《劳动合同法》第四条

小贴士

由于国家没有关于事假的法律规定，请事假如何管理主要依据单位的规章制度。因此，劳动者请事假需要经过用人单位的批准，如果劳动者在未经批准的情况下擅自休事假，用人单位可以以旷工处理。当然，用人单位对事假的规定不能是任意的。根据《劳动合同法》第四条的规定，用人单位在制定、修改或者决定有关工作时间、休息休假、劳动纪律等直接涉及劳动者切身利益的规章制度或者重大事项时，应当经职工代表大会或者全体职工讨论，提出方案和意见，与工会或者职工代表平等协商确定。而且应当将这些直接涉及劳动者切身利益的规章制度和重大事项决定公示，或者告知劳动者。

101. 职工请事假的，用人单位减发相应的工资算不算违法克扣工资？

克扣工资是指用人单位无正当理由扣减劳动者应得工资（即在劳动者已提供正常劳动的前提下用人单位按劳动合同规定的标准应当支付给劳动者的全部劳动报酬）。根据我国法律规定，以下几种减发工资的情况不属于"克扣"：一是国家的法律、法规中有明确规定的；二是依法签订的劳动合同中有明确规定的；三是用人单位依法制定并经职代会批准的厂规、厂纪中有明确规定的；四是因劳动者请事假等相应减发工资等。因此，用人单位因职工请事假而减发相应工资是合法的，不属于违法克扣。

→法条链接

《劳动法》第九十一条

《对〈工资支付暂行规定〉有关问题的补充规定》第三条

小贴士

劳动者因本人原因请事假，属于未提供正常劳动，用人单位可以不支付事假工资。事假工资的支付应按照用人单位关于事假的相关规定处理。当然，用人单位不能因职工请事假而违法扣减劳动者事假假期之外的工资。

102. 用人单位能否以职工请事假为由而任意扣减职工工资？

根据我国法律规定，用人单位因劳动者请事假等相应减发工资不属于克扣工资。一些地方如北京、江苏、广东等地关于工资支付的地方法规也均规定，劳动者在事假期间，用人单位可以不支付其工资。然而，用人单位不能因职工请事假而任意扣减职工工资。例如《浙江省企业工资支付管理办法》规定，劳动者请事假的，企业可以不支付事假期间工资，但不得扣减事假以外的工资。一般而言，扣减的数额应当是职工的日工资乘以事假天数。

→法条链接

《劳动法》第九十一条

《对〈工资支付暂行规定〉有关问题的补充规定》第三条

各省、自治区、直辖市关于工资支付的地方性法规

小贴士

根据原劳动和社会保障部《关于职工全年月平均工作时间和工资折算问题的通知》，职工日工资的折算办法为：日工资＝月工资收入÷月计薪天数（21.75天）。

103. 归侨、侨眷职工因私事出境能否请事假？

根据国家有关规定，凡归侨、侨眷职工在国家规定的探亲假待遇之外，申请短期出境或出境定居的，均按因私事出境对待。在职职工因私事短期出境申请事假，其假期由所在单位根据实际需要予以批准。去港澳的，不得超过3个月，必须按期返回。出国的，不超过半年，如因故确需续假，应在批准的假期内向所在单位办理续假手续。续假期限，一般不超过1个月。假期从离开工作岗位之日起计算。在职职工因私事短期出国，超过假期（包括续假，下同）半年以内的，予以停薪留职，超假半年以上的，按自动离职处理。因此，归侨、侨眷职工可以因私事出境而请事假，其假期由所在单位根据实际需要予以批准。

→法条链接

《国务院侨务办公室、劳动人事部、财政部关于归侨、侨眷职工因私事出境的假期、工资等问题的规定》

小贴士

在职职工因私事短期出境，假期内的工资和副食品价格补贴等，均按照职工所在单位处理事假的规定办理。凡因私事短期出境的旅费、境外的医药费，均由本人自理。出境期间死亡的，其丧葬等费用按所在单位的现行规定标准发给。

104. 什么是病假，它与医疗期是什么关系？

日常生活中，人们容易混淆医疗期与病假期的关系。病假，是指劳动者本人因患病或非因工负伤，需要停止工作医疗时，经医生根据病情建议、用人单位批准停止工作治病休息的期间。医疗期是指企业职工因患病或非因工负伤停止工作治病休息不得解除劳动合同的时限。两者的主要区别有两点：

（1）期限是否固定不同。医疗期是“法定”期间，由法律根据职工工作年限规定的“刚性”的时间段；而病假期则是“事实”期间，事实上发生了多少就算多少，是“弹性”的时间段。也就是说，医疗期是法律有特别规定的固定的法定期限，而病假期则是员工患病或非因工负伤事实上需要接受诊疗的事实期间。

（2）休假待遇不同。职工在医疗期可以依法享受相应的待遇，其病假工资、疾病救济费和医疗待遇按照有关规定执行，而且企业不得在医疗期内与职工解除劳动合同。而在一般病假中，或者超过了医疗期，就不能享受这些待遇了，而且企业也可以选择解除合同。

→法条链接

《劳动法》第二十六条、第二十九条

《劳动合同法》第四十条、第四十二条

《企业职工患病或非因工负伤医疗期规定》第二条

小贴士

实践中，一些用人单位认为，既然国家规定了医疗期制度，那么对于已满医疗期的员工申请病假，就可以不予批准。实际上，法律关于医疗期的规定，只是意味着医疗期满以后用人单位可以解除劳动合同，但并没有赋予用人单位在员工医疗期满以后可以拒绝安排员工休病假的权利。也即，用人单位可以在员工医疗期满后依法解除劳动合同，但是如果选择保持劳动关系，则不能因此而不安排员工病假。

105. 在医疗期内，职工享有哪些权利保障？

根据《劳动法》、《劳动合同法》等相关法律的规定，职工在医疗期内享有如下权益：

（1）对于医疗期内的职工，企业不得在职工无过错的情况下解除劳动合同。《劳动合同法》第四十二条规定，劳动者患病或者非因工负伤，在规定的医疗期内的，用人单位不得依照本法第四十条、第四十一条的规定解除劳动合同。

（2）如果劳动合同到期，但医疗期未满的，劳动合同期限要延展到医疗期届满为止。

（3）职工在医疗期内，依法享有相应的病假工资、疾病救助费和医疗待遇。根据《关于贯彻执行〈中华人民共和国劳动法〉若干问题的意见》第五十九条的规定，职工患病或非因工负伤治疗期间，在规定的医疗期内由企业按有关规定支付其病假工资或疾病救济费，病假工资或疾病救济费可以低于当地最低工资标准支付，但不能低于最低工资标准的80%。

→法条链接

《劳动法》第二十六条、第二十九条

《劳动合同法》第三十九条、第四十二条

《关于贯彻执行〈中华人民共和国劳动法〉若干问题的意见》第59条

小贴士

对于医疗期内的职工，企业不得在职工无过错的情况下解除劳动合同。但用人单位依据《劳动合同法》第三十九条的规定解除与劳动者的劳动合同除外。也即，如果劳动者出现《劳动合同法》第三十九条规定的（六）项过错情形的，用人单位仍然有权解除劳动合同。此外，如果劳动者与用人单位协商同意解除劳动合同，也不受此限制。

106. 根据法律规定，医疗期的期限有多长？

企业职工因患病或非因工负伤，需要停止工作医疗时，根据本人实际参加工作年限和在本单位工作年限，给予3—24个月的医疗期：

（1）实际工作年限10年以下的，在本单位工作年限5年以下的为3个月；5年以上的为6个月。

（2）实际工作年限10年以上的，在本单位工作年限5年以下的为6个月；5年以上10年以下的为9个月；10年以上15年以下的为12个月；15年以上20年以下的为18个月；20年以上的为24个月。

→法条链接

《企业职工患病或非因工负伤医疗期规定》第三条

《关于贯彻〈企业职工患病或非因工负伤医疗期规定〉的通知》第二条

小贴士

1994年12月1日，劳动部发布了《企业职工患病或非因工负伤医疗期规定》之后，一些企业和地方劳动部门反映，《医疗期规定》中医疗期最长为24个月，时间过短，限制较死，在实际执行中遇到一定困难，要求适当延长医疗期。劳动部经研究后，又于1995年5月23日发布了《关于贯彻〈企业职工患病或非因工负伤医疗期规定〉的通知》，其中规定，对某些患特殊疾病（如癌症、精神病、瘫痪等）的职工，在24个月内尚不能痊愈的，经企业和劳动主管部门批准，可以适当延长医疗期。

107. 如何计算医疗期？

医疗期并不是根据患病职工每一次停止工作进行治疗时间计算的，而是在一定期限内累计计算的。具体来说，医疗期3个月的按从第一次停止工作进行治疗开始的6个月内累计病休时间计算；医疗期6个月的按12个月内累计病休时间计算；医疗期9个月的按15个月内累计病休时间计算；医疗期12个月的按18个月内累计病休时间计算；医疗期18个月的按24个月内累计病休时间计算；医疗期24个月的按30个月内累计病休时间计算。病休期间，公休、假日和法定节假日包括在内。

结合上一问题，可以归纳出计算职工医疗期的基本步骤：一是根据职工工作年限确定可享受的医疗期，在这一步既要考虑职工实际参加工作年限，又要考虑职工在本单位的工作年限；二是根据医疗期长短确定累计病休的计算周期，例如医疗期3个月的按6个月内累计病休时间计算；三是在前一步骤确定的计算周期内，累计病休时间。

→法条链接

《企业职工患病或非因工负伤医疗期规定》第四条

《关于贯彻〈企业职工患病或非因工负伤医疗期规定〉的通知》第一条

小贴士

根据原劳动部《关于贯彻〈企业职工患病或非因工负伤医疗期规定〉的通知》第一条的规定，医疗期计算应从病休第一天开始，累计计算。例如，某职工应享受3个月的医疗期，那么其医疗期应按6个月内的累计病休时间计算。如果该职工于2014年5月21日起第一次病休，那么该职工的医疗期应在5月21日至11月21日之间确定，在这6个月的期间内，该职工累计病休3个月即视为医疗期满。需要注意，在这6个月的期间内，病假可以连续也可以断续，只要累计达到3个月，就视为医疗期满。

108. 医疗期满后劳动者不能从事原工作的，用人单位能否解除劳动合同？

劳动者患病或者非因工负伤，如果在规定的医疗期满后，能从事原工作的，可以继续履行劳动合同。如果不能从事原工作，也不能从事由用人单位另行安排的工作的，用人单位可以解除劳动合同。但需要提前30日以书面形式通知劳动者本人或者额外支付劳动者1个月工资。也就是说，医疗期满后，劳动者不能从事原工作的，用人单位应当另行安排其他的工作。如果劳动者仍然不能胜任，用人单位有权解除劳动合同。但需要注意的是，用人单位解除劳动合同时，应当履行提前通知的义务，或者额外支付一个月工资的代通知金。而且，用人单位依此解除劳动合同的，还需要向劳动者支付相应的经济补偿金。

→法条链接

《劳动合同法》第四十条

小贴士

在《劳动合同法》实施之前，原劳动部《关于贯彻执行〈中华人民共和国劳动法〉若干问题的意见》（劳部发〔1995〕309号）第35条的规定，医疗期满后仍不能从事原工作也不能从事由单位另行安排的工作的，由劳动鉴定委员会参照工伤与职业病致残程度鉴定标准进行劳动能力鉴定。被鉴定为一至四级的，应当退出劳动岗位，解除劳动关系，办理因病或非因工负伤退休退职手续，享受相应的退休退职待遇；被鉴定为五至十级的，用人单位可以解除劳动合同，并按规定支付经济补偿金和医疗补助费。劳动部《违反和解除劳动合同的经济补偿办法》还规定，用人单位应按其在本单位的工作年限，每满一年发给相当于1个月工资的经济补偿金，同时还应发给不低于6个月工资的医疗补助费。患重病和绝症的还应增加医疗补助费，患重病的增加部分不低于医疗补助费的50%，患绝症的增加部分不低于医疗补助费的100%。这两个文件的规定与《劳动合同法》的规定略有区别，一是对休病假的职工进行分级，并采取不同的处理办法；二是在经济补偿之外，还要求用人单位发给不低于6个月工资的医疗补助费。

109. 职工在医疗期内以及休病假期间需要承担哪些义务?

处于医疗期内或者休病假的职工应当履行以下义务:

(1) 按照用人单位的规定，履行请假手续。职工因伤病需要休假的，应凭企业医疗机构或指定医院开具的疾病诊断证明，并由企业审核批准。伤病职工需要转入长休的，根据企业医疗机构或指定医院开具的疾病诊断证明，由企业劳动鉴定委员会（小组）作出鉴定，经企业行政批准。

(2) 已恢复劳动能力的职工应按时复工。根据原劳动部、国务院经贸办、卫生部、国家工商局、全国总工会《关于加强企业伤病长休职工管理工作的通知》规定，用人单位要根据职工劳动能力恢复情况，安排一定的试工期或调换适当工作；对逾期不复工或不服从工作安排的，可停发伤病保险待遇，并按旷工处理。

(3) 不得利用病假在外从事有收入的活动。根据国家有关规定，伤病休假职工不得从事有收入的活动。机关、事业单位、社会团体和企业不得聘用伤病休假职工。对利用伤病假从事有收入活动的职工，要停止其伤病保险待遇，不予报销医疗费，并限期返回单位复工。

→法条链接

《劳动合同法》第四十条

《关于加强企业伤病长休职工管理工作的通知》第二条、第四条

小贴士

20世纪90年代初，鉴于当时企业伤病长休职工人数大幅增长，部分职工一面领取伤病保险待遇，一面从事各种有收入活动的情况，原劳动部、国务院经贸办、卫生部、国家工商局、全国总工会于1992年6月9日发布了《关于加强企业伤病长休职工管理工作的通知》，要求按照既有利于保障职工基本生活，又有利于改善企业管理和提高经济效

益，加强对企业伤病长休职工的管理工作。

110. 什么是病假工资，与疾病救济费有何区别？

劳动部《关于贯彻执行〈中华人民共和国劳动法〉若干问题的意见》规定，职工患病或非因工负伤治疗期间，在规定的医疗期间内由企业按有关规定支付其病假工资或疾病救济费。可见，病假工资和疾病救济费都是职工在生病、非因工负伤期间，在规定的医疗期内依法享有的带薪休假的权利，由企业按有关规定进行支付。两者的主要区别是：职工疾病或非因工负伤停止工作连续医疗期间在6个月以内的，企业应该向其支付病假工资；医疗期限超过6个月时，病假工资停发，改由企业按月付给疾病或非因工负伤救济费。

→法条链接

《劳动保险条例》第十三条

《劳动保险条例实施细则修正草案》第十六条至第二十一条

小贴士

病假工资最早的规定源于1951年的《中华人民共和国劳动保险条例》及其《实施细则》。根据这两个文件，职工的病假待遇分为两个阶段：一是6个月内的，根据本企业工龄规定一定的工资标准，即病假工资；超过6个月的，发放疾病救济费。这两项都按职工工资的一定比例发放。后来劳动部在1994年发布的《关于贯彻执行〈中华人民共和国劳动法〉若干问题的意见的通知》中，对职工患病或非因工负伤治疗期间，在规定的医疗期间内的病假工资或疾病救济费的最低限作了规定。此外国家没有再出台新的规定。各地方在此基础上制定了一系列不同标准。比如深圳规定，员工患病或者非因工负伤停止工作进行医疗，在国家规定的医疗期内的，用人单位应当按照不低于本人正常工作时间工资的60%支付员工病伤假期工资，但不得低于当地最低工资标准的80%。这一规定不再以6个月作为界线区分病假工资与疾病救济费待遇。

111. 劳动者病假期间工资如何发放？

1951年政务院颁布的《劳动保险条例》和1953年劳动部发布的《劳动保险条例实施细则修正草案》规定，职工疾病或非因工负伤停止工作连续医疗期间在6个月以内的，企业应该向其支付病假工资；医疗期限超过6个月时，病假工资停发，改由企业按月付给疾病或非因工负伤救济费。其中，病假工资的支付标准是：本企业工龄不满2年者，为本人工资的60%；已满2年不满4年者，为本人工资的70%；已满4年不满6年者，为本人工资的80%；已满6年不满8年者，为本人工资的90%；已满8年及8年以上者，为本人工资的100%。疾病或非因工负伤救济费的支付标准是：本企业工龄不满1年者，为本人工资的40%；已满1年未满3年者，为本人工资的50%；3年及3年以上者，为本人工资的60%。如果工人职员的本人工资低于该企业的平均工资者，领取疾病或非因工负伤救济费时，如其所得救济费数额低于该企业的平均工资40%，应按平均工资40%发给，但不得高于本人工资。劳动部《关于贯彻执行〈中华人民共和国劳动法〉若干问题的意见》进一步规定，病假工资或疾病救济费按有关规定支付，可以低于当地最低工资标准支付，但不能低于最低工资标准的80%。

→法条链接

《关于贯彻执行〈中华人民共和国劳动法〉若干问题的意见》第59条

《劳动保险条例》第十三条

《劳动保险条例实施细则修正草案》第十六条、第十七条

小贴士

由上述规定可知，病假工资的计算方式可以归纳为：病假工资＝（职工月工资÷21.75天）×计算系数×病假天数。而且病假工资≥当

地最低工资标准×80%。例如某职工大学毕业后到现企业工作，工龄3年6个月，属于已满2年不满4年者，可知其医疗期应为3个月，其病假标准应为本人工资的70%。假设其月工资为2175元，请病假9天，少于6个月，应当领取病假工资。具体数额为（2175元÷21.75天）×70%×9天=630元。

112. 半日工作、半日病假的职工病假工资如何计算？

根据原劳动部、全国总工会有关规定，职工既有全日请病假休养，也有半日工作、半日请病假休养的，在计算职工连续请病假休养时间时，应将其连续全日休养的时间和连续半日工作、半日休养期间的休养时间合并起来计算。但是职工在半日工作、半日休养期间的休养时间应该按照两个半天算作一天计算。按此计算的连续请病假休养时间在6个月以内的，应该发给半日工资、半日病假工资；超过6个月以后，应该发给半日工资、半日疾病救济费。

→法条链接

《关于企业职工半日工作半日休养工资待遇如何处理问题的补充通知》

小贴士

例如，职工王某1985年大学毕业后，到一家国有企业工作，并且与企业签订了无固定期限劳动合同。2002年1月，王某不幸患病，按照医嘱，自当年1月15日起每天只能工作半天，另外半天请病假治疗。对于这种情况，应该如何计算王某的医疗期？医疗期的前6个月是截至2002年7月15日吗？根据上述《关于企业职工半日工作半日休养工资待遇如何处理问题的补充通知》，答案应当是否定的。对于半天工作、半天休养的职工，其医疗期计算应该按两个半天算作一天计算。王某从2002年1月起一直是半日工作、半日休养，所以其连续请病假休养时间应该按照两个半天算作一天。到2002年7月15日，王某累计病假时间只有3个月，到2003年1月15日才满6个月。在2002年7月15日前，企业应当向王某支付半天工资、半天病假工资，而不能将病假工资改为疾病救济费。到2003年1月15日后，才能停发王某的半天病假工资，改为支付半天的疾病救济费。

113. 对于实行计件工资的职工如何计算其病假工资？

企业向请病假职工支付病假工资应该以劳动合同约定的工资作为计发基数。劳动合同约定的工资是劳动者在提供了正常劳动的情况下，企业应该支付的工资。对于实行计件工资的劳动者来说，其在提供了正常劳动的情况下应该从企业获得的工资，如果劳动合同中约定了明确数额的，按约定数额执行；如果劳动合同中没有约定明确数额的，应该按照其提供正常劳动的情况下实际所得的平均工资执行。

→法条链接

《劳动法》第三十七条

小贴士

计件工资制是指按照生产的合格品的数量（或作业量）和预先规定的计件单价，来计算报酬，而不是直接用劳动时间来计量的一种工资制度。实质上是计时工资制的转化形式《劳动法》第三十七条规定，对实行计件工作的劳动者，用人单位应当根据本法第三十六条规定的工时制度合理确定其劳动定额和计件报酬标准。

114. 什么是停工留薪期，它的期限有多长？

停工留薪期又称工伤假，是《工伤保险条例》规定的一个概念，指职工因工作遭受事故伤害或者患职业病需要暂停工作接受工伤医疗保留原工资福利待遇的期限。停工留薪期一般不超过12个月。伤情严重或者情况特殊，经设区的市级劳动能力鉴定委员会确认，可以适当延长，但延长期不得超过 12 个月。

→法条链接

《工伤保险条例》第三十三条

小贴士

停工留薪期一般不超过 12 个月，具体根据伤情来确定。多数省份颁布的《工伤职工停工留薪期分类目录》，对应具体伤情，确定停工留薪期长短。关于停工留薪期的确定，《工伤保险条例》没有明确的规定，根据各省、直辖市的地方关于停工留薪期的相关规定，一般由用人单位（如北京市、山东省）或劳动能力鉴定委员会（如河北省）进行确定。伤情严重或者情况特殊，可以适当延长，但延长不得超过 12 个月。停工留薪期的延长，统一由设区的市级劳动能力鉴定委员会确认。

115. 停工留薪期内职工可以享受什么待遇?

职工工伤停止工作接受治疗的，实行停工留薪期，并可以享受如下待遇：

（1）原工资福利待遇和工伤医疗待遇。停工留薪期内，职工原工资福利待遇不变，由所在单位按月支付。工伤职工评定伤残等级后，停发原待遇，按照有关规定享受伤残待遇。停工留薪期满后仍需治疗的，继续享受工伤医疗待遇。

（2）生活护理待遇。生活不能自理的工伤职工在停工留薪期需要护理的，由所在单位负责。

（3）工亡待遇。停工留薪期内因工伤导致死亡的，按因工死亡处理享受全部的工亡待遇。

（4）近亲属可以享受丧葬补助金和供养亲属抚恤金待遇。一至四级伤残职工在停工留薪期满后死亡的，其近亲属可以享受丧葬补助金和供养亲属抚恤金的待遇。

→法条链接

《工伤保险条例》第三十条、三十三条、第三十九条

小贴士

工伤医疗待遇是指职工因工负伤或者患职业病进行治疗期间所发生的医疗康复费用，包括住院伙食等。职工治疗工伤应当在签订服务协议的医疗机构就医，情况紧急时可以先到就近的医疗机构急救。治疗工伤所需费用符合工伤保险诊疗项目目录、工伤保险药品目录、工伤保险住院服务标准的，从工伤保险基金支付。职工住院治疗工伤的伙食补助费，以及经医疗机构出具证明，报经办机构同意，工伤职工到统筹地区以外就医所需的交通、食宿费用从工伤保险基金支付，基金支付的具体标准由统筹地区人民政府规定。工伤职工治疗非工伤引发的疾病，不享受工伤医疗待遇，按照基本医疗保险办法处理。工伤职工到签订服务协议的医疗机构进行工伤康复的费用，符合规定的，从工伤保险基金支付。

九、文书与图示

××市“特殊工时制度审批”办理指南

◆项目名称

特殊工时制度审批

◆行政依据

1.《劳动法》第三十九条；

2.《关于企业实行不定时工作制和综合计算工时工作制的审批办法》（劳部发〔1994〕503号）；

3.《××省劳动厅转发〈关于企业实行不定时工作制和综合计算工时工作制的审批办法〉的通知》（×劳计〔××××〕2号）。

◆办理条件

◆办理程序（详见审批流程图）

第一步：申报人持相关材料向市政务服务中心××市劳动和社会保障局窗口提出申请，由窗口工作人员进行初审后受理。

第二步：对申请人申请材料齐全、符合法定形式的能够当场作出决定的，应当当场作出书面决定，不同意审核的，书面说明理由。审核事项依法不能当场作出决定的，应在承诺期内办结。

第三步：在承诺期限内，经审查符合法定条件、标准的，依法作出准予许可的书面决定，由窗口工作人员答复申请人。

◆所需资料（详见申报特殊工时所需材料核对目录）

1. 送审报告或请示；

2. 实行综合计算工时工作制或不定时工作制的实施方案；

3.《企业实行综合计算工时工作制和不定时工作制备案登记表》（一式3份）；

4. 企业营业执照复印件1份；

5. 企业工会法人资格证复印件1份（企业未成立工会组织的，则应提供“实行特殊工时制度的职工大会或职工代表大会决议”）。

◆承办部门

××市劳动和社会保障局行政审批处

◆办理地点

××市劳动和社会保障局市政务服务中心劳动社会保障局窗口

◆联系电话、窗口电话

××××××××　××××××××

◆投诉电话

××××××××　××××××××

◆收费标准

◆承诺时限

15个工作日

◆办理时限

15个工作日

◆备注

关于报送材料的说明

1. 关于“送审报告或请示”的填写：应载明申请的法定依据、理由、岗位及人数、实行的具体特殊工时制种类等主要事项。

2. 关于“实施方案”的主要内容：应载明：

（1）实行特殊工时制的具体工时制种类。

（2）申请实行综合计算工时工作制的，还应写明申请实行综合计算工时制的计算周期（申请的计算周期原则上以月或季度为宜）。

（3）工作、休息时间安排：①实行综合计算工时工作制的，可采取相对集中工作、相对集中休息的办法，以保证企业生产经营正常进行和劳动者的合法权益。实行综合计算工时工作制，应做到日平均、周平均工作时间与法定标准工作时间基本相同；在计算周期内的总实际工作时间不应超过总法定标准工作时间，如实际总工作时间超过法定标准工作时间应视为延长工作时间，而且延长工作时间的小时数平均每月不得超过 36 小时；对于从事第三级（含第三级）以上体力劳动强度的工作岗位，劳动者每日连续工作时间不得超过 11 小时，而且每周至少休息 1 天（指休息一个完整的 24 小时）。②实行不定时工作制，企业可采取弹性工作制，并根据标准工时制度合理确定劳动者的劳动定额或其他考核标准，以便安排劳动者休息。其工资由企业按照本单位的工资制度和工资分配办法，根据劳动者的实际工作时间和完成劳动定额情况计发。对于符合带薪年休假条件的劳动者，企业可安排其享受带薪年休假。

（4）加班工资支付办法：①经批准实行综合计算工时工作制的，在计算周期内的总实际工作时间超过总法定标准工作时间的部分，应视为延长工作时间，并按照《关于印发对〈工资支付暂行规定〉有关问题的补充规定的通知》（×劳资〔1995〕15 号）规定支付延长工作时间的工资。延长工作时间的工资支付标准按以下办法确定：以月或季为单位综合计算工作时间的，其综合计算工作时间超过法定标准工作时间的部分，按每超 8 小时作为一个工作日计算，支付不低于劳动者本人日工资标准 200% 的加班工资；超过法定标准工作时间不足 8 小时的部分，按实际超时工作小时数，支付不低于劳动者本人小时工资标准 150% 的加班工资；周期内法定休假日安排劳动者工作的，按《劳动法》第四十四条第三款的规定支付工资报酬。②实行不定时工作制的，按照《工资支付暂行规定》（劳部发〔1994〕489 号）第十三条规定，不执行加班工资支付规定。

3. 关于备案登记表的填写（请双面打印备案登记表）：

（1）“申请理由及实施办法”栏应包括：①申请的法定依据；②主要理由；③工作、休息时间安排；④加班工资支付办法。

（2）“企业工会意见”栏：应由企业工会签署意见并盖章。没有工会组织的，应在报送“职工大会或职工代表大会决议”的同时，在表中“企业工会意见”一栏由职工代表签署意见并签名。

（3）“企业意见”栏：应填写申报企业的意见、申报时间并盖章。

4. 关于职工大会或职工代表大会决议：

50 名职工以下的报送职工大会决议；50 名职工以上的报送职工代

表大会决议。决议内容应载明：时间、地点、内容、实行特殊工时制种类、工作及休息时间安排、加班工资支付办法、职工大会或职工代表大会表决结果、职工或职工代表签署的意见和签名等主要事项。

5.《企业实行综合计算工时和不定时工时工作制备案登记表》

特殊工时制度审批流程图(初次申报)

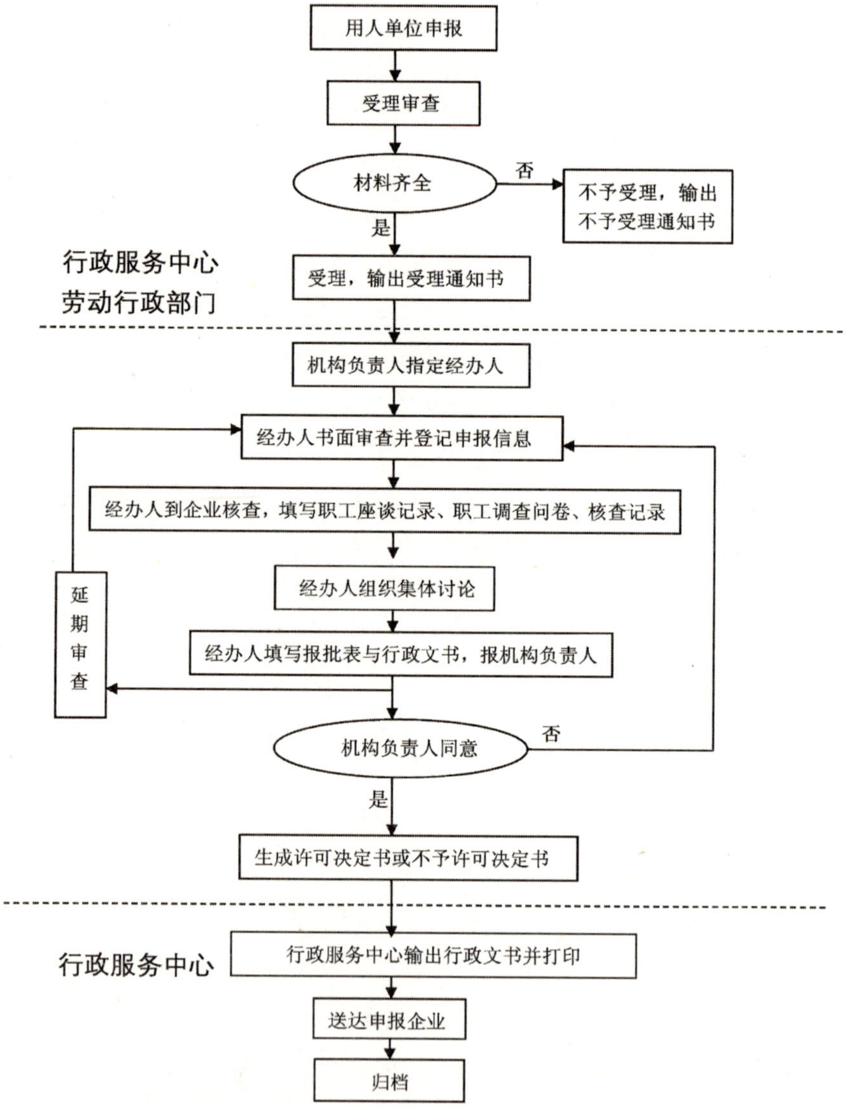

特殊工时制度审批流程图(到期续报)

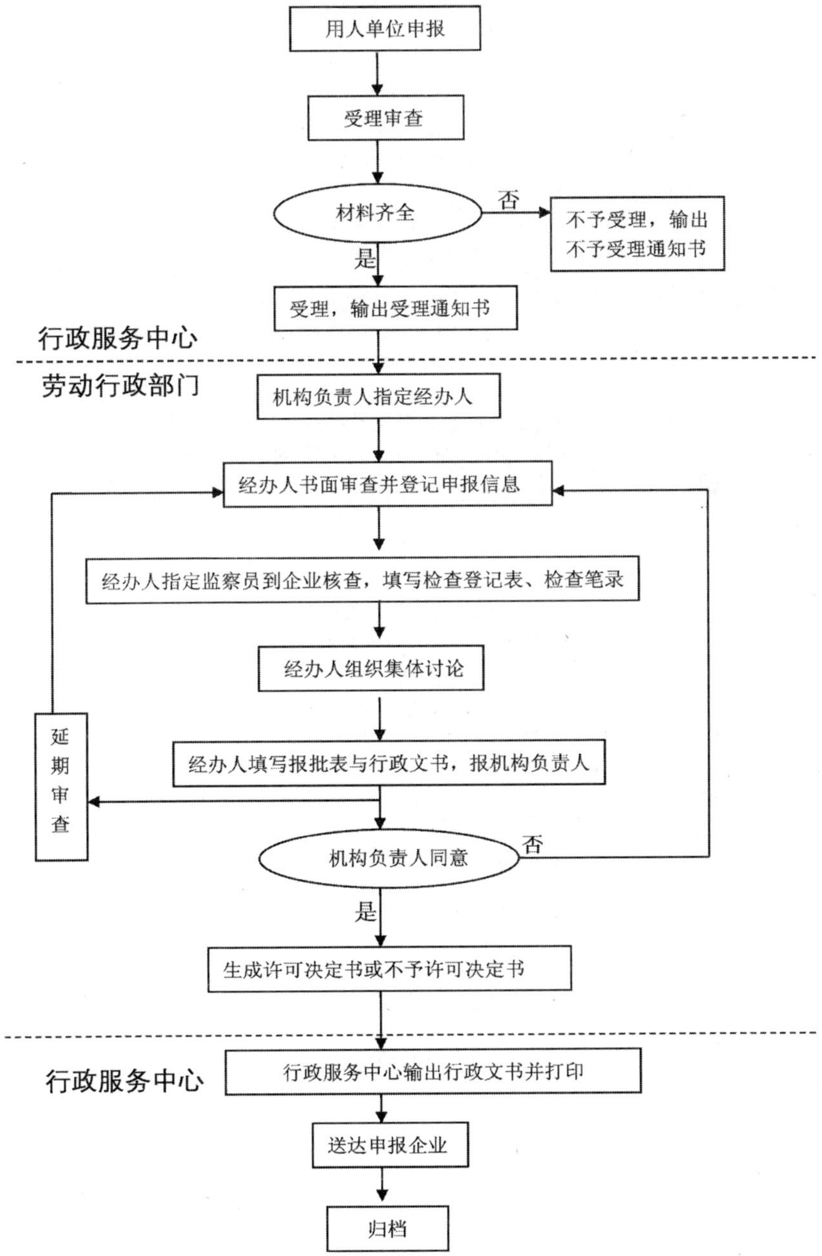

申报特殊工时所需材料核对目录

类型	序号	材料列表	
初次申报	1	用人单位实行特殊工时工作制申报表	○
	2	用人单位营业执照副本复印件（外地用人单位驻×分支机构应当同时提供用人单位和分支机构营业执照副本复印件）	○
	3	实行特殊工时工作制的实施方案	○
	4	工种岗位职责、作息休假和排班情况简述	○
	5	实行特殊工时工作制职工名册	○
	6	职工（代表）大会或工会对实行特殊工时工作制实施方案书面决议（或明确规定特殊工时工作制的集体合同）	○
	7	公示说明（附公示照片复印件或打印件）	○
	8	【未建工会】用人单位所在地工会组织对其民主程序的合法性审查意见或上级工会签署意见的《召开职工（代表）大会情况报告表》	○
	9	【劳务派遣单位】劳务派遣单位的书面意见	○
	10	【分支机构】企业法人授权申请特殊工时的委托书	○
到期续报	1	用人单位实行特殊工时工作制申报表	○
	2	用人单位营业执照副本复印件（外地用人单位驻苏分支机构应当同时提供用人单位和分支机构营业执照副本复印件）	○
	3	原实施方案的执行情况书面报告	○
	4	实行特殊工时工作制职工名册	○
	5	原行政许可决定书	○
	6	职工（代表）大会或工会对实行特殊工时工作制实施方案书面决议（或明确规定特殊工时工作制的集体合同）	○
	7	公示说明（附公示照片复印件或打印件）	○

续表

类型	序号	材料列表	
到期续报	8	【未建工会】用人单位所在地工会组织对其民主程序的合法性审查意见或上级工会签署意见的《召开职工（代表）大会情况报告表》	○
	9	【劳务派遣单位】劳务派遣单位的书面意见	○
	10	【分支机构】企业法人授权申请特殊工时的委托书	○
备注	到期续报的单位，因 □扩大实施范围 □超过审批期限后再申报 □在实行特殊工时工作制期间被职工投诉或举报的，按照初次申报程序审批。		

（单位名称）

实行特殊工时工作制职工名册（样表）

填报单位（公章）：　　　　　　　　　　　填报日期　　年　　月　　日

序号	姓 名	性别	工作岗位	社会保险号码	工时类型	职工签名	备 注

注：如有人员变动，请在一个月内到劳动行政部门进行备案。

（单位名称）

实行特殊工时工作制履行民主程序公示说明

（参考件）

本单位____________①____________已经______②____________讨论确定，并形成______③______。____①__与____③______已于____年____月___日至____年___月___日在____________显著位置公示5个工作日。公示期间职工意见如下：________________________。

本单位对公示情况的真实性负责。本单位实施特殊工时工作制方案已按规定履行职工民主程序，特此说明。

单位名称

（盖章）

年　　月　　日

填写说明：① 属于初次申报的，填写"实行特殊工时工作制实施方案"；属于延续申报的，填写"实行特殊工时工作制实施情况报告"。② 根据民主程序履行情况填写"职代会"或"职工大会"。③ 企业工会监督组织职工代表大会或职工大会的，填写"职工代表大会决议"或"职工大会决议"；未建工会的用人单位，在用人单位所在地工会组织监督指导下履行民主程序的，填写上级工会签署意见的"召开职工（代表）大会情况报告表"。

通过申报实行特殊工时工作制的决议

（样稿）

本单位于______年 ____月______日在________________召开____届____次职工（代表）大会。会议应到正式职工代表____名，实到代表____名，超过正式代表的三分之二。全体与会人员认真听取了______________________________草案的情况说明，对《关于申报特殊工时工作制的决议》进行表决。

经大会无记名投票表决，同意______票，不同意______票，弃权______票，同意人数超过应到会职工（代表）半数，《关于申报特殊工时工作制的决议》获得通过。

公示责任单位：__________________________。

××公司职工（代表）大会

（工会代章）

年　　月　　日

×届×次职工（代表）大会
情况报告表（样表）

<table>
<tr><td>单位名称</td><td colspan="3"></td><td>经济类型</td><td colspan="2"></td></tr>
<tr><td>法人代表</td><td></td><td>工会主席</td><td></td><td>联系电话</td><td colspan="2"></td></tr>
<tr><td>职工代表情况</td><td colspan="6">1. 职工总数____名，代表总数____名，其中：中高级管理人员____名，劳务派遣职工代表____名。
2. 本次会议应到会代表____名，实到会代表____名。</td></tr>
<tr><td>会议准备情况</td><td colspan="6">大会讨论审议的文件于____月____日（提前____天）发给职工代表</td></tr>
<tr><td>会议时间</td><td colspan="6">____年____月____日至____年____月____日</td></tr>
<tr><td>会议主要议程</td><td colspan="6">本单位________________岗位工种共计____名职工拟向劳动行政部门申报实行特殊工时工作制。</td></tr>
<tr><td rowspan="2">大会决议表决情况</td><td colspan="2">决议内容</td><td>同意票</td><td>不同意票</td><td colspan="2">弃权票</td></tr>
<tr><td colspan="2">1.
2.
3.</td><td></td><td></td><td colspan="2"></td></tr>
<tr><td>本级工会意见</td><td colspan="6">在会前（是/否）向上级工会报告。
（盖章）　　年　　月　　日</td></tr>
<tr><td>上级工会意见</td><td colspan="6">你单位报告于×年×月×日收悉。经审核，本次会议召开符合（不符合）《××省企业民主管理条例》有关规定。
（盖章）　　年　　月　　日</td></tr>
</table>

填表人：　　　　　　　　　　填表日期：

北京市企业实行综合计算工时工作制和不定时工作制申报表

申报单位盖章：

企业名称			企业性质			
地 址			主管部门			
法人代表人姓名		联系电话		职工人数		
申报种类			实行特殊工时制度职工人数			
综合计算工时工作制				不定时工作制		
岗位或工种	人数	计算周期单位	实行期限	岗位或工种	人数	实行期限

反面

申报理由： 年　　月　　日（章）	
工会或职工大会意见： 年　　月　　日（章）	
备注	

企业承办人：

填表说明：

在填写申请理由时，应重点说明不能实行标准工时制度的具体原因，涉及的岗位、人数，以及综合计算工时工作制的公式计算周期、工作方式和休息休假制度。

工会或职工大会意见栏应填写企业工会组织对实行综合计算工时工作制或不定时工作制的意见，没有工会组织的企业需提交职工大会的意见。

××公司工时与休假管理制度

为了规范公司员工考勤与休假管理，维护双方的合法权益，保证公司经营健康稳定运行，根据国家有关法律法规制定本制度。

第一条 本规定适用于公司范围内所有员工。

第二条 工作时间

（一）公司实行每日工作8小时，每周工作40小时的标准工时制度。

（二）部分岗位（如配电室值班）由于工作的特殊性或生产经营的需要不能实行标准工时制度，经申报、批准后实行综合计算工时工作制或者不定时工作制。

（三）实行综合计算工时工作制，应分别以周、月、季、年为周期综合计算工作时间，但其平均日工作时间和平均周工作时间应与法定标准工作时间相同，即平均每日工作不超过8小时，平均每周工作不超过40小时。

第三条 考勤管理

（一）考勤计算周期为上月25日至本月25日。

（二）各部门每月26日统计考勤，经主管领导签字确认后交到办公室。

（三）各部门由考勤员负责员工考勤工作，考勤员负责逐日如实纪录本部门员工的出勤情况，准确纪录员工上班时间、下班时间、休假时间，填写考勤表，经员工签名确认。

（四）办公室负责全公司员工考勤的考核、汇总工作，并有权随时对各部门考勤情况进行检查、校对。

第四条 迟到、早退、脱岗、旷工

（一）迟到：未按上班时间到达工作岗位（半小时以内），不论原因应计迟到。迟到员工到岗后，应及时向主管领导报到，并说明原因。

（二）早退：员工未到下班时间（半小时以内）离岗记为早退，确需离开工作岗位的，应向部门负责人请假，获得批准后方可离开。

（三）脱岗：员工在岗工作期间离岗，应向部门负责人请假。凡三十分钟以内不在岗位且事先未向部门负责人请假并获批准的员工按脱岗处理。

（四）旷工：

1. 未请假或请假未获批准擅自离开工作岗位的。

2. 请假期满，不续假或续假未获批准逾期不归的。

3. 迟到或早退一小时以上（不含一小时）四小时以内视为旷工半天；迟到、早退四小时以上（包括四小时）的视为旷工一天。

4. 在合同约定范围内，不服从公司调动和工作分配而不上班的。

5. 本人要求调动工作，未经批准或虽经批准尚未办理调离手续就不上班的。

6. 其他应按旷工处理的。

第五条　各种假期的规定

（一）病假

1. 员工工作时间看病应事先填写《员工请假单》，报主管领导审批，因急诊不能事先请假，应事后补请假手续。

2. 员工因病休假，应提前填写《员工请假单》，报主管领导审批。

3. 员工因病休假，必须有医院出具的诊断证明，附《员工请假单》后上报办公室。

4. 员工休病假期限参照《企业员工患病或非因工负伤医疗期规定》执行。

5. 病假工资不低于××市最低工资标准的80%。

6. 病假一天扣发岗位工资（或职能工资）、车补、饭补的日工资标准［即岗位工资（或职能工资）＋车补＋饭补/21.75］。

7. 一年累计请病假三个月，不参加当年的工资调整。

（二）事假

1. 员工请事假三天以内的（含三天），由所在部门负责人审批；三天以上七天以内的（含七天），报分管经理审批；七天以上的，报总经理审批。

2. 各职能部门正副职请事假，三天以内的（含三天），报分管经理审批；三天以上的，报总经理审批。

3. 分管经理请事假，报经理审批。

4. 如遇不可预计事假，应电话通知主管领导并获批准，假后补办请假手续。

5. 员工请事假必须填写《员工请假单》，并依照上述规定审批，报办公室备案。

6. 事假一天扣发基本工资、岗位工资（或职能工资）、车补、饭补的日工资标准［即基本工资+岗位工资（或职能工资）+车补+饭补/21.75］。

7. 当月累计请事假超过10天，无当月效益工资。

8. 一年累计请事假超过一个月，不参加当年的工资调整。

（三）婚假

1. 按法定结婚年龄（女20周岁，男22周岁）结婚的，婚假3天。

2. 晚婚的（女23周岁，男25周岁），婚假10天。

3. 婚前体检给予婚检假一天，婚假必须一次休完。

4. 在探亲假（探父母）期间结婚的，不另给假期。

5. 婚假期间员工的工资照发，途中路费由员工自理。

6. 婚假应提前1周办理请假手续，需填写《员工请假单》，报部门负责人审批，并报办公室审核备案。

（四）产假、计划生育假

1. 女员工产假为98天，其中产前可休假15天，难产女员工可增加产假15天，多胞胎生育的每多生育一个婴儿，增加产假15天。

2. 24岁以上的已婚妇女生育第一个孩子为晚育。晚育的女员工除享受国家规定的产假外，另享受晚育假30天（经女方单位开具证明此项奖励假亦可由男方适用）。不休晚育假的，给予一个月基本工资的奖励。

3. 女员工怀孕不满4个月流产者，给予15天至30天的产假；怀孕满4个月以上流产者，给予42天产假。

4. 产假期间的工资参照《××市企业员工生育保险规定》规定的

支付标准执行。

5. 休产假应提前1周办理请假手续，需填写《员工请假单》报部门负责人审批，报办公室备案。

6. 产假超假者，须提前向办公室申请续假，获批准后，超假期间按事假计算，回公司补办相关手续；逾期未归且未办理续假手续的，超假期间按旷工处理。

7. 员工接受节育、绝育手术的，可凭医院证明休节育假。

（五）哺乳假

1. 有不满1周岁婴儿的女员工，每天可以享受1小时哺乳假。多胞胎生育的，每多哺乳一个婴儿，哺乳假增加30分钟。

2. 哺乳假经部门负责人口头批准即可。

（六）丧假

1. 员工的父母、子女、配偶岳父母、公婆及养父母去世的给予5天丧假。

2. 员工丧假须一次性使用完毕，丧假不包括休息日和法定节假日。

3. 员工丧假期间的工资照发，途路费由员工自理。

4. 丧假（含路程假）可以口头形式与部门负责人请示，并于事后回公司补办请假手续，需填写《员工请假单》经部门负责人审批后报办公室备案。

（七）工伤假（停工留薪期）

1. 员工因工作遭受事故伤害或者患职业病需要暂停工作接受工伤医疗的，在停工留薪期内，原工资福利待遇不变，由公司按月支付。

2. 工伤员工应及时将工伤医疗机构出具的诊断证明或者休假证明报送给公司。由公司根据工伤医疗机构的诊断证明，按照《停工留薪期目录》，确定工伤员工的停工留薪期。

3. 工伤员工停工留薪期管理参照《北京市工伤员工停工留薪期管理办法》执行。

（八）年休假

1. 员工享受带薪年休假，具体如下：

（1）员工累计工作已满1年不满10年的，年休假5天；

（2）已满 10 年不满 20 年的，年休假 10 天；

（3）已满 20 年的，年休假 15 天；

2. 员工累计工作时间以员工实际参加工作年限为准，员工在同一或者不同用人单位工作期间累计为工作时间，具体认定需要由员工本人提供相关资料，包括劳动合同、社保缴费证明、完税证明等。对于不能提供相关证实材料的，只计算在本单位的工作时间。

3. 员工具有以下情形，不享受年休假情况：

（1）员工请事假累计 20 天以上且单位按照规定不扣工资的；

（2）累计工作满 1 年不满 10 年的员工，请病假累计 2 个月以上的；

（3）累计工作满 10 年不满 20 年的员工，请病假累计 3 个月以上的；

（4）累计工作满 20 年以上的员工，请病假累计 4 个月以上的。

4. 员工的探亲假、婚丧假、产假、法定休假日、休息日、工伤停工留薪期不计入年休假。

5. 每年 1 月份，公司各部门根据部门工作情况，并考虑员工本人意愿，统筹安排年休假，并将休假安排上报办公室备案。

6. 部门确因工作需要不能安排员工休假的，经公司审批，并征得员工同意后，可延期至次年 3 月 31 日前安排年休假，并将休假安排报办公室备案。

7. 部门确因工作需要不能执行上述第 6 条延期休假的，经公司审批，并征得员工本人同意，可以不安排年休假。对员工应休未休的年休假天数，按照其日基本工资收入的 300% 支付报酬。部门将员工应休未休的年休假天数记录在考勤表上报办公室。

8. 公司安排员工休年休假，因员工个人原因不休年假的，当年年休假作废。

9. 公司新进员工当年度年休假天数，按照在本单位剩余日历天数折算确定，折算后不足 1 整天的部分不享受年休假。

10. 上一条中的折算方法为：（当年度在本单位剩余日历天数 ÷365 天）×员工本人全年应当享受的年休假天数。

11. 员工休年假期间的工资照发。

12、员工休年假应提前 1 周需填写《员工请假单》报部门负责人审批，并报办公室备案。

（九）公假

1. 义务献血者按规定享受的假期（献血后立即休完）。

2. 有学校书面通知参加学生家长会。

3. 其他应视为公假的情况。

4. 员工休公假期间的工资照发。

5. 员工请公假必须填写《员工请假单》，报主管领导审批，并上报办公室。

第六条 以上假期计算时，病假、探亲假、产假、工伤假、公假均含法定休息日和法定假日，事假、婚假、丧假、年休假不含法定休息日和法定假日。

第七条 本制度如与国家法律规定相抵触的，以国家法律规定为准。

第八条 本制度由办公室负责解释。

附：1.《员工请假单》样式

2.《婚假申请书》样式

员工请假单

受理请假的人或主管部门（称谓，如王经理或人力资源部，注意顶格）

我因（请假原因：事因、病因等原因，简单陈述即可），于________年________月________日至________年________月________日（请假起止时间），请假________天（请假具体时间），请批准（请假辞）。

请假人：×××（签名）

________年________月________日（请假日期）

婚假申请书

尊敬的公司领导：

你好！本人于××××年××月××日结婚，并属于晚婚。根据国家有关婚假规定，本人可享受15天婚假。现特向领导请求休婚假，自××月××日到××月××日共计15天，请予以审批，特此申请。

申请人：×××（签名）

________年________月________日（请假日期）

员工加班管理制度

编　　号：＿＿＿＿＿＿＿＿＿＿＿＿　版　　本：＿＿＿＿＿＿＿＿＿＿＿＿
审　　核：＿＿＿＿＿＿＿＿＿＿＿＿　批　　准：＿＿＿＿＿＿＿＿＿＿＿＿
批准日期：＿＿＿＿＿＿＿＿＿＿＿＿

一、目的：

1. 为规范公司员工加班的管理，提高工作效率，在正常的工作时间内努力完成工作任务。

2. 劳逸结合，保护员工身体健康。

3. 保证公司运营的有序进行，根据《中华人民共和国劳动法》、《劳动合同法》及相关法律法规，结合本公司实际情况，特制定本制度。

二、适用范围：

1. 公司非提成人员确因工作需要加班，适用本规定。

2. 按提成制度结算的营销人员和不适用本规定。

三、加班的分类和程序：

1. 加班：指在规定工作时间外，因本身工作需要或主管指定事项，必须继续工作者，称为加班。加班分为两种：即计划加班和应急加班。因工作岗位不能断续，需周末或国家法定节假日继续工作，称为计划加班。正常工作日内因工作繁忙、临时性工作增加需要在规定时间外继续工作，或休息日突发事件称为应急加班。

2. 计划加班员工应填写《加班申请单》（附表一），经部门主管同意签字后，送交人事部审核备案，由人事部呈总经理批准后，方可实施加班。

3. 特殊原因（下班之后因紧急事件加班，或休息日突发事件加班的）可以事后补填《加班申请单》，并注明“补填”；非特殊原因一律不得事后补填，否则不认定为加班。

四、加班原则：

1. 效率至上原则：

公司鼓励员工在每天8小时工作制内完成本职工作，不鼓励加班，原则上不安排加班，由于部门工作需要必须加班完成的工作，按照加班审批程序进行。员工需有计划地组织展开各项工作，提高工时利用率，对加班加点从严控制。确因工作需要加班或值班，才予批准。

2. 加班时间限制：

（1）一般周一至周五工作日内，因工作需要每日加班不超过4小时的不算加班。

（2）每月累计加班一般不应超过36小时，超过36小时按36小时计算。

3. 健康第一原则：

在安排加班时，必须结合加班人员身体状况，对加班频次、时间长短及与正常上班时间的间隔做出合理安排，保证员工的身体健康。

4. 调休优先原则：

员工加班后，原则上优先安排调休，确因工作需要无法调休的，计算加班费。

5. 怀孕七个月以上（含七个月）或处于哺乳期（即产假结束后至婴儿满一周岁）内的女职工，公司不安排其从事夜班劳动（当日22点至次日6点之内从事的劳动和工作）或加班加点。

五、加班认定：

1. 只有在具备下列条件之一时，才可组织员工加班：

（1）在正常休息时间和节假日内工作不能间断，须连续作业的。

（2）发生有可能造成较大负面影响，需要紧急处理的。

（3）为完成公司下达的紧急任务的。

2. 公司所有员工按公司规定在国家法定节假日（元旦、春节、清明、五一、端午、中秋、十一）继续工作均算加班。

3. 值班不属于加班，对被安排值班的员工。（值班是指公司为临时负责接听、协调、看门、防火、防盗或为处理突发事件、紧急公务处理等原因，安排有关人员在公休日、法定休假日等非工作时间内进行的值班，它一般不直接完成工作任务。）

4. 有下列情况之一者，不认定为加班：

（1）由于正常工作任务未按要求及时完成而需延长工作时间或利

用公休日、节假日完成的。

（2）在正常工作日因接待公司客户延时工作的。

（3）延长工作时间处理日常工作4小时以内的。

（4）开会、培训、应酬、出差的；出差补贴政策另计。

（5）正常工作时间以外参加公司组织的公共活动的。

5. 周一至周五加班算平时工作日加班，周六周日算公休日加班，国家法定节假日加班算节假日加班。周一至周五下班时间后接到新任务算加班，因个人原因导致工作时间内不能完成任务而需延长工作时间的不算加班。周一至周五因公司需要延长工作时间4小时内原则上不算加班。

六、加班补偿：

1. 加班调休。

（1）员工加班后除法定节假日外，一律安排调休，尽量在适当时间安排员工调休。

（2）员工有权要求将加班时间累积到一起调休，但调休时间最长原则上不得超过三天。具体调休时间由员工领导安排。

2. 员工确因工作任务繁忙不能调休的，按《劳动法》规定支付加班补贴。

（1）加班费的计算基数：

加点工资＝基本工资/月计薪天数/8×延时加点工时×1.5倍

公休日加班工资＝基本工资/月计薪天数/8×公休加班工时×2倍

法定节假日加班工资＝基本工资/月计薪天数/8×法定加班工时×3倍

（2）加班费的计发比例：

a. 平时工作日加班：每小时按员工小时工资标准的1.5倍计算；

b. 公休日加班：安排劳动者工作又不能安排补休的，每小时按员工小时工资标准的2倍计算；

c. 国家法定节假日加班：每小时按员工小时加班工资标准的3倍计算。

3. 下列人员（除法定假日加班工作）原则上不享受加班费：

（1）中层以上员工。

（2）临时工人、司机、实行业绩提成工资的员工因工作情形有别，其薪资给予已包括工作时间因素在内以及另有规定，故不报支加班费。

七、执行原则：

1. 公休、法定假日加班时作息时间与正常工作日相同。

2. 加班人员必须记录好当日《加班工作内容记录》，并于加班结束后的两天内提交给人事部，无加班日志者其实际加班视为无效。相关负责人应切实负责加班申请的审批，如果发现弄虚作假，谎报加班出勤者一律严惩。

3. 在监督检查过程中，如发现加班人员、频次、时间安排不合理，公司责令有关部门限期改正，并对主要责任人予以批评。

4. 为获取加班补偿，采用不正当手段（如“正常工作时间故意降低工作效率”、“虚增工作任务”等）取得加班机会进行加班者，一经发现并核实，公司有权取消加班补偿，并处以一定数额罚款。

附：1. 《加班申请单》

2. 《加班工作情况记录表》

加班申请单

<table>
<tr><td>申 请 人</td><td colspan="3"></td></tr>
<tr><td>加班类型</td><td colspan="3">〔 〕平常加班　〔 〕休息日加班　〔 〕法定假日加班</td></tr>
<tr><td>加班日期</td><td colspan="3">年　月　日</td></tr>
<tr><td colspan="4">加班原因：</td></tr>
<tr><td>加班时间
从…至…</td><td></td><td>总加班
时数</td><td></td></tr>
<tr><td colspan="4">直接上级：　　总经理签字：　　人事部签收：</td></tr>
<tr><td colspan="4">备注：审批流程：加班前一天员工填写加班申请单——领导签字——两日内交人事部备案。</td></tr>
</table>

加班工作情况记录表

姓 名		所属部门	
日 期		加班时间	
加班原因：			
加班工作情况及内容：			
证明人			

员工探亲假管理制度

第一章　总　则

第一条　为规范员工探亲管理，体现以人为本的人文理念，根据国家探亲假有关规定和公司考勤制度、出差制度，结合公司实际，制定本制度。

第二条　探亲假的含义。探亲假是指与父母或配偶分居两地的员工，享有与父母或配偶团聚，并保留工作岗位和工资的带薪假期。

第三条　本制度适用于公司所有员工。

第二章　享受探亲假待遇的范围

第四条　享受探亲假的条件

1. 主体条件，在公司工作的员工可以享受探亲假待遇。

2. 时间条件。工作满一周年（外聘技术人员工作满半年）。

3. 事由条件。一是与配偶不住在一起，又不能在公休假日团聚的，可以享受探望配偶的待遇；二是与父母亲（不含岳父母、公婆）不居住在一起，又不能在公休假日团聚的，可以享受探望父母的待遇。

新婚员工与配偶分居两地的，从第二年开始享受探亲假。

“不能在公休假日团聚”是指不能利用公休假日在家居住一夜和休息半个白天。

第五条　不能享受探亲假待遇的员工范围

1. 新招聘的试用期员工、见习期员工以及在公司工作时间不满一周年的员工。

2. 脱产学习时间达半年以上的员工。

3. 当年因病假、事假、利用出差或其他机会已经与配偶或父母团聚累计时间达探亲规定天数的员工（包括配偶或父母来到本公司）。但可报销一次往返交通费。

第三章　探亲待遇

第六条　探亲假期是指员工与配偶、父母团聚的时间，包括公休日、法定节假日和在途时间在内，但春节假日除外。

1. 探望配偶，每年20天。

2. 未婚员工探望父母，原则上每年一次，假期15天。如因工作需要，经批准也可两年一次，假期35天。

3. 已婚员工探望父母，每四年一次，假期15天。

4. 探亲假期原则上当年一次性用完，不得间断使用，逾期作废。

5. 外聘技术人员探望配偶每季度一次，但年累计假期不得超过30天。

6. 如若生产性或政策性停产10天以上。职工应安排停产期间探亲。

第七条　员工的父母亲与其配偶同居一地，员工探望配偶时，即可同时探望其父母，不再享受探望父母的待遇。

第八条　符合探望配偶或父母条件的员工，因工作需要，当年或四年中不能探望配偶或父母亲时，其配偶或父母亲到员工工作地探亲，可按规定报销一人往返路费一次。员工本人则不再享受探亲待遇。

第九条　员工探亲往返交通费（指从公司到父母或配偶常住地，不含绕道费用）按公司《出差管理规定》从严掌握，原则上不得乘飞机，不报销住宿费、出租车费和就餐费用。除总经理审批外，任何员工不得使用公司车辆接送。

第十条　员工探亲假期间，其工资待遇按正常上班标准发放。

第四章　审批与管理

第十一条　各部门要有计划地合理安排员工探亲假期，不能因探亲妨碍正常生产和工作，不得因探亲而增加人员编制。

第十二条　一般员工探亲由所在部门领导审核、分管副总审批；车间副主任、部门副部长（副经理）以上员工探亲由分管副总审核、报总经理审批；公司副总经理以上员工探亲由董事长审批。

第十三条　经批准后的探亲审批表统一报送总经理办公室存档备

查。员工探亲结束后，应到总经理办公室报到，及时销假。

第五章　附　则

第十四条　本制度由总经理办公室制定，与财务部共同解释。

第十五条　本制度经总经理批准后，自下发之日起执行。以前出台的规定与本规定不一致时，以本规定为准。

附：《员工探亲审批表》

员工探亲审批表

<table>
<tr><td>员工姓名</td><td></td><td>性　别</td><td></td><td>出生年月</td><td></td></tr>
<tr><td>进入公司时间</td><td></td><td>婚　否</td><td></td><td>所在部门</td><td></td></tr>
<tr><td rowspan="2">前次探亲时间</td><td rowspan="2"></td><td>与被探望人关系</td><td></td><td>被探望人姓名</td><td></td></tr>
<tr><td>探亲地点</td><td colspan="3"></td></tr>
<tr><td rowspan="2">本次探亲计划时间</td><td rowspan="2"></td><td>与被探望人关系</td><td></td><td>被探望人姓名</td><td></td></tr>
<tr><td>探亲地点</td><td colspan="3"></td></tr>
<tr><td>所在部门意见</td><td colspan="5"></td></tr>
<tr><td>审批意见</td><td colspan="5"></td></tr>
<tr><td>销假时间</td><td colspan="5"></td></tr>
</table>

员工带薪年休假制度

为加强公司的管理制度建设，体现公司“以人为本”的管理理念，保障员工的合法权益，充分调动职工的工作积极性，建立良好的工作秩序，根据《国务院职工带薪年休假条例》，结合公司实际工作情况制定本制度。

一、职工年休假制度实施原则

职工休假必须在确保安全经营生产、工作任务完成的前提下，由职工申请，各部门统筹安排，分管领导批准。

二、职工享受年休假的范围

公司在职职工，连续工作满 1 年以上，并签订 1 年以上劳动合同的，均可享受带薪年休假。

三、职工享受年休假标准

（一）带薪年休假职工累计工作已满 1 年不满 10 年的，年休假 5 天；已满 10 年不满 20 年的，年休假 10 天；已满 20 年的，年休假 15 天（满年度计算）。

国家法定休假日、休息日不计入年休假的假期。

（二）年休假在 1 个年度内可以集中安排，也可以分段安排，不跨年度安排。分段休假最多两次。

四、职工休假安排

（一）轮班职工需要休年休假的，在不影响正常工作、生产的前提下，由各部门统一安排。

（二）职工休假期间，各部门负责人安排好工作，不能影响正常生产。

（三）轮班职工的休假天数，按照其轮班个数换算常白班的时间计算。譬如：轮班时间是 24 小时的职工，相当于 8 小时常白班的三个工作日，以此类推。

五、职工有下列情形之一的，不享受当年的年休假

（一）职工请事假累计 20 天以上且单位按照规定不扣工资的；

（二）累计工作满 1 年不满 10 年的职工，请病假累计 2 个月以上的；

（三）累计工作满 10 年不满 20 年的职工，请病假累计 3 个月以上的；

（四）累计工作满 20 年以上的职工，请病假累计 4 个月以上的；

（五）新调入职工，当年不安排休班；

（六）当年离岗脱产学习满 6 个月的；

（七）请长假职工回单位工作不满一年的；

（八）内部退养、离岗、长期病休以及因个人原因不在岗位正常工作的职工，不享受休假待遇。

六、休假期间工资发放标准

（一）享受年休假待遇的职工在休假期间，基本工资、岗位工资和各项津补贴正常发放，取消休班期间的夜班费，绩效工资按部门绩效考核办法执行。

（二）安排了职工休假，但由于本人原因不能休假的，下一年不再补休，也不给予额外补助。

七、年休假报批程序

（一）各部门每年二月份之前制定职工休假计划，经所在部门负责人签署意见后，上报公司分管领导批准，报人力资源处备案。特殊情况休假的，需本人提前 15 日提出申请，报部门领导签署意见后，上报公司分管领导批准，方可休假。

（二）中层领导休假，本人填写休假审批表后，经公司分管领导批准，报人力资源处备案。

（三）公司经理休假，本人填写休假审批表后，经董事长批准，报人力资源处备案。

（四）违反以上批假权限随意批假者，其批准的假期一律无效，休假期间视其情节按事假或旷工处理。

八、本制度从××××年××月××日起执行。

九、本制度由人力资源处负责解释

附：《员工带薪年休假表》

《员工带薪年休假表》

单位：

<table>
<tr><td>姓名</td><td></td><td>参加工作时间</td><td></td><td>应休年假天数</td><td></td></tr>
<tr><td colspan="2">本人申请年休假时间</td><td colspan="4">年 月 日至 年 月 日</td></tr>
<tr><td colspan="2">单位批准年休假时间</td><td colspan="4">年 月 日至 年 月 日</td></tr>
<tr><td>年休假计划执行情况记录</td><td colspan="5"></td></tr>
<tr><td colspan="2">实际年休假天数</td><td></td><td>未休年休假天数</td><td colspan="2"></td></tr>
<tr><td colspan="2">工资报酬标准（元/日）</td><td></td><td>合计</td><td colspan="2"></td></tr>
<tr><td colspan="2">职工本人核实意见：
职工本人签名：
年 月 日</td><td colspan="2">单位领导核实意见：
领导签名：
年 月 日</td><td colspan="2">单位主管部门核实意见：
单位主管部门印章：
年 月 日</td></tr>
</table>

女员工特殊保护管理制度

为了减少和解决集团公司女员工在劳动中因生理特点造成的特殊困难，保护女员工健康，制定本管理制度。

一、适用范围

本制度适用于全集团公司范围内的女员工特殊保护的管理工作。

二、引用标准

1. 《妇女权益保障法》，2005 年 8 月 28 日修订。

2. 《女职工劳动保护特别规定》，2012 年 4 月 18 日施行。

3. 《劳动法》，1994 年 7 月 5 日颁布。

4. 《工会法》，2001 年 10 月 27 日修订。

5. 《人口与计划生育法》，2001 年 12 月 29 日颁布。

6. 《安全生产法》，2002 年 6 月 29 日颁布。

7. 《职业病防治法》，2011 年 12 月 31 日修订。

三、管理职责

1. 工会负责维护公司女员工的合法权益和劳动保护的监督工作。

2. 人力资源管理部负责女员工的录用及档案管理，并合理安排其工种和岗位。

3. 生产部负责管理及督促有关部门做好女员工劳逸结合和女员工的职业健康安全劳动保护工作。

4. 各部门负责本部门执行女员工劳动保护的有关规定。

四、保护工作内容

1. 不得安排女员工从事国家规定的不适合其从事的工种或者岗位作业。

2. 实行男女同工同酬。在分配和享受福利待遇方面男女平等。

3. 不得因女员工结婚、怀孕、产假、哺乳等情形降低其基本工资，或单方解除其劳动合同。

4. 工会按照《女职工劳动保护特别规定》，做好女员工“四期”保护管理工作，各部门要依照有关法律、法规确保女员工“四期”保护得到有效的执行。

5. 生产部必须按照国家的有关规定，积极做好公司女员工的职业健康安全和环境管理体系所要求的劳动保护工作，并按国家有关规定发放女员工的特殊劳动保护用品。

6. 女员工“四期”保护：

（1）经期：女员工在月经期间，不得安排其从事高空、低温、冷水和国家规定的第三级体力劳动强度的劳动。患有重度痛经及月经过多的女员工，经医疗或妇幼保健机构确诊后，月经期间可适当给予 1 至 2 天的休假。

（2）孕期：不得安排女员工在怀孕期间从事国家规定的第三级体力劳动强度的劳动和孕期禁忌从事的劳动，不得降低其基本工资或解除劳动合同；不得在正常劳动日以外延长其劳动时间；对不能胜任原劳动岗位的，可根据医务部门证明，予以减轻劳动量或安排其他劳动。怀孕期间不应安排加班加点，对怀孕 7 个月（含 7 个月）以上的女员工一般不得安排其从事夜班劳动，在劳动时间内给予一定的休息时间。怀孕的女员工在劳动时间内进行产前检查，应当算作劳动时间。如上班确有困难者，本人申请，经批准，可请女员工孕期长假，长假结束后回原部门工作。

（3）产期：不得降低其基本工资或解除劳动合同。女员工生育享受不少于 98 天的产假，其中产前 15 天；难产的，增加产假 15 天；生育多胞胎的，每多生育 1 个婴儿，增加产假 15 天。女员工怀孕流产的，其所在部门应当根据医院的证明，给予一定时间的产假。

（4）哺乳期：不得安排女员工在哺乳未满 1 周岁的婴儿期间从事国家规定的第三级以上体力劳动强度的劳动和哺乳期禁忌从事的其他劳动，在此期间不准解除劳动合同，一般不得安排其延长工作时间和夜班劳动。每班劳动时间内给予 2 次哺乳时间，每次 30 分钟，可合并使用。多胞胎生育者，多哺乳 1 个婴儿，每次哺乳时间增加 30 分钟。哺乳时间和本单位内哺乳往返途中的时间，算作劳动时间。如上班确有困难的女员工，本人申请，经批准，可请女员工哺乳长假，长假结束后回原部门工作。

7. 女员工计划生育保护：

实施节育手续的女员工，可享受计划生育假，计生假期间，其工资、津贴应全额计发，即岗位工资、工龄工资、绩效工资、津贴均不予扣发。其休假按下列规定执行：

（1）放置宫内节育器的，自手术之日起休息3天。

（2）经计划生育部门批准摘取宫内节育器的，休息2天。

（3）输卵管节扎的，自手术之日起休息21天。

（4）同时实施两种节育手术的，合并计算假期。如遇特殊情况需增加假期时，根据医院证明确定时间。

8. 工会督促人力资源部每年组织对公司女员工进行一次特殊体检（妇科病检查）。

9. 工会督促公司每年为公司女员工发放一次卫生保健用品，按每人240元/年的标准发放。

五、本制度由集团工会负责解释

十、关联法律法规政策索引

1. 中华人民共和国劳动法（1994 年 7 月 5 日　中华人民共和国主席令第 28 号）

2. 中华人民共和国劳动合同法（2007 年 6 月 29 日　中华人民共和国主席令第 73 号）

3. 劳动部关于《中华人民共和国劳动法》若干条文的说明（1994 年 9 月 5 日　劳办发〔1994〕289 号）

4. 劳动部关于贯彻执行《中华人民共和国劳动法》若干问题的意见（1995 年 8 月 4 日　劳部发〔1995〕309 号）

5. 国务院关于职工工作时间的规定（1995 年 3 月 25 日　国务院令 174 号）

6. 劳动部贯彻《国务院关于职工工作时间的规定》的实施办法（1995 年 3 月 26 日　劳部发〔1995〕143 号）

7. 劳动部关于印发《国务院关于职工工作时间的规定》问题解答的通知（1995 年 4 月 22 日　劳部发〔1995〕187 号）

8. 劳动部关于职工工作时间有关问题的复函（1997 年 9 月 10 日　劳部发〔1997〕271 号）

9. 劳动部关于企业实行不定时工作制和综合计算工时工作制的审批办法（1994 年 12 月 14 日　劳部发〔1994〕503 号）

10. 劳动和社会保障部关于职工全年月平均工作时间和工资折算问题的通知（2008 年 1 月 3 日　劳社部发〔2008〕3 号）

11. 劳动部关于部分石油职工实行不定时工作制和综合计算工时工作制的补充批复（1996 年 1 月 23 日　劳部发〔1996〕26 号）

12. 国家铁路劳动者实行综合计算工时工作制办法（1995 年 3 月 7

日　铁劳〔1995〕23号）

13. 劳动部关于对电子工业部直属企业部分工作岗位实行不定时工作制和综合计算工时工作制的批复（1996年3月29日　劳部发〔1996〕105号）

14. 劳动部关于中国工商银行部分岗位员工实行不定时工作制和综合计算工时工作制的批复（1997年8月12日　劳部发〔1997〕237号）

15. 全国年节及纪念日放假办法（2007年12月16日　国务院令第513号）

16. 劳动和社会保障部办公厅关于部分公民放假有关工资问题的函（2000年2月12日　劳社厅函〔2000〕18号）

17. 国务院关于职工探亲待遇的规定（1981年3月26日　国发〔1981〕36号）

18. 国家劳动总局关于制定《国务院关于职工探亲待遇的规定》实施细则的若干问题的意见（1981年3月26日　劳总险字〔1981〕12号）

19. 财政部关于职工探亲路费的规定（1981年4月8日　财事字〔1981〕第113号）

20. 人事部、财政部关于国家机关、事业单位职工探亲假工资和探亲路费计算基数问题的通知（1994年3月10日　人薪发〔1994〕11号）

21. 劳动人事部、财政部、公安部、中国银行关于台胞职工出境探亲待遇的通知（1983年4月6日　劳人险〔1983〕16号）

22. 劳动人事部关于台属职工和台胞职工探亲问题的补充通知（1984年8月14日　劳人险〔1984〕13号）

23. 人力资源和社会保障部企业职工带薪年休假条例实施办法（2008年7月17日　人力资源和社会保障部令第1号）

24. 人力资源和社会保障部办公厅关于《企业职工带薪年休假实施办法》有关问题的复函（2009年4月15日　人社厅函〔2009〕149号）

25. 中华人民共和国人口与计划生育法（2001年12月29日　中华

人民共和国主席令第63号）

26. 女职工劳动保护特别规定（2012年4月28日　国务院令第619号）

27. 国家劳动总局保险福利司关于女职工保胎休息和病假超过六个月后生育时的待遇问题给上海市劳动局的复函（1982年3月27日〔82〕劳险字2号）

28. 国家劳动总局、财政部关于国营企业职工请婚丧假和路程假问题的通知（1980年2月20日　〔80〕劳总薪字29号）

29. 国务院侨务办公室、劳动人事部、财政部关于归侨、侨眷职工因私事出境的假期、工资等问题的规定（1983年1月25日　侨政会字〔1983〕第7号）

30. 劳动和社会保障部办公厅关于对再婚职工婚假问题的复函（2000年7月11日　劳社部函〔2000〕84号）

31. 企业职工患病或非因工负伤医疗期规定（1994年12月1日　劳部发〔1994〕479号）

32. 劳动部关于贯彻《企业职工患病或非因工负伤医疗期规定》的通知（1995年5月23日　劳部发〔1995〕236号）

33. 劳动部、国务院经贸办、卫生部、国家工商局、全国总工会关于加强企业伤病长休职工管理工作的通知（1992年6月9日　劳险字〔1992〕14号）

34. 中华人民共和国劳动保险条例（1951年2月26日　政秘字134号）

35. 中华人民共和国劳动保险条例实施细则修正草案（1953年1月26日）

36. 劳动部、全国总工会关于企业职工半日工作半日休养工资待遇如何处理问题的补充通知（1963年10月10日　〔1963〕中劳薪字60号、〔1963〕会通字5号）

后 记

1994年7月5日，在劳动法制建设上具有里程碑意义的《中华人民共和国劳动法》颁布，我国劳动关系进入了依法调整的新时期。20年来，我国已初步形成以《劳动法》为龙头，《劳动合同法》、《就业促进法》、《社会保险法》、《安全生产法》、《职业病防治法》、《劳动争议调解仲裁法》等法律法规相配套的劳动法律体系。这一切，都对社会发展和劳动者的生活带来了巨大的影响。

近年来，伴随着劳动者依法维权意识增强，人们对劳动法律知识的需求也日益突出。针对这一实际问题，为满足广大职工的利益诉求，中国工人出版社策划出版了“劳动权益书系”(共18册)。本丛书把涉及劳动权益的法律政策进行分类，集中梳理出与劳动者切身利益相关的劳动法律问题并附以文书与图示、关联法律法规政策索引，更加方便职工查阅使用。

希望这套丛书的出版，能够帮助广大职工了解、掌握一些必备的法律知识，增强法律观念，提高法律素质，同时对工会组织职工、引导职工、服务职工、维护职工权益方面起到促进作用。

编　者

2014年6月